Maurice Le Scouëzec

L'INSOUMIS

AVANT-PROPOS

Le deuxième tome des Journaux du peintre Le Scouëzec s'inscrit chronologiquement à la suite du premier volume, dans lequel nous avions groupé les textes consacrés par l'artiste à sa vie de marin, entre 1896 et 1901. La période ici embrassée va de cette même année 1901 à la mi-juillet de 1917, où il s'installe à Paris.

Il n'a écrit, durant ces seize années, que lors de ses engagements militaires, respectés ou non. Le premier le fut, ainsi que le troisième, celui de la guerre qui le mena en Flandre, en Champagne et en Argonne. Le second ne le fut pas et conduisit le fuyard en Espagne et au Mexique. Mais ce sont, en tout état de cause, ces années militaires qui firent de lui l'homme qu'il restera jusqu'à la fin de ses jours, l'Insoumis.

C'est là dire aussi que nous ne possédons aucune donnée de sa main concernant son séjour en Afrique Orientale Allemande et ses voyages du Kenya vers le lac Tanganyka et beaucoup plus loin encore jusqu'à Johannesburg (1905-1906). De même, le temps qu'il passa en Bretagne à la Compagnie des Chemins de fer de l'Ouest (1907-1908) ne nous est connu que par l'envoi de cartes postales et nullement par des journaux intimes.

Encore plus obscure à nos yeux l'époque qui va de sa réforme en octobre 1911 à la guerre de 1914. Si à partir de 1913 les cachets de la poste sur des misssives d'un mot, adressées à sa mère, nous permettent de situer l'artiste dans ses pérégrinations en Suisse et en Italie, l'année 1912 —ce qu'il a appelé lui-même la bohême 1912— nous échappe complètement, hormis ce mot et la notion d'un important travail pictural.

Ce que l'on trouvera dans ce livre, c'est non pas un récit continu des années d'avant 1914, mais des jalons de loin en loin, qui nous permettent cependant de mieux comprendre la révolte et l'anarchisme foncier de ce pseudo-militaire que fut Maurice Le Scouëzec. Les accents qui apparaissent ici on les retrouvera dans la maturité du peintre et jusque chez le converti d'après 1934. Certaines des illustrations de ce livre datent en effet de la dernière période, et ce ne sont pas les moins virulentes. On en retiendra ce champ de bataille jonché de cadavres, d'où un demi-mort se soulève pour brandir —ô dérision— les trois couleurs qui revendiquent le massacre.

En 1917, l'ex-combattant de Verdun écrivait déjà que l'on devait sept à huit millions de morts à une querelle digne de Gulliver, de ses gros et de ses petits-boutiens, à une dispute pour moins qu'un œuf... Dès la bataille d'Ypres, en novembre 1914, le pacifisme s'est fait jour chez lui et, sinon la germanophilie, du moins une certaine sympathie pour l'adversaire : il la doit d'ailleurs à sa protectrice, l'épouse séparée du général de Saint-Germain qui ne cache pas ses sentiments d'admiration pour la culture allemande. N'oublions pas non plus que Le Scouëzec a séjourné dans les colonies des Hohenzollern en 1905 et 1906 et qu'il a en outre, toute sa vie, pris volontiers le contre-pied des notions admises.

INTRODUCTION

Maurice Le Scouëzec et la vie militaire, c'est le thème d'une interminable valse-hésitation ou, si l'on préfère d'une longue errance à travers les paysages les plus divers. Cavalier, il sera tour à tour, pour le panache, dragon en 1901, puis cuirassier en 1914 : il en gardera le dégoût des vieilles badernes et des culottes de peau. Fantassin, on le verra sous le képi des marsouins en 1904 et sous la chéchia des tirailleurs en 1916 : c'est son côté basse carte qui resurgit là. Artilleur, à Aix-en-Provence en 1917, il participe à la naissance d'une arme nouvelle : la DCA, ou, comme on dit alors, la défense contre aéronefs. Trois fois engagé volontaire, une fois insoumis et condamné à 6 mois de prison de ce chef, deux fois réformé, incorrigible soldat de deuxième classe, toutefois brigadier pendant un ou deux ans, agent de liaison à Verdun, blessé à la Côte du Talou sans être évacué, il manqua déserter du Mort-Homme dans d'obscures circonstances générales qui font garder encore aujourd'hui aux historiens français un silence prudent.

De sa première période militaire (1901-1905), Le Scouëzec n'a laissé que quelques pages de notes que nous avons groupées sous le titre de Journal 1905. Sur son insoumission (1909-1911), il a écrit vers 1930 deux textes qui concernent l'un et l'autre son séjour au Mexique, et quelques pages sur la prison militaire, où il séjourna à son retour… A la même époque, il jette sur le papier quelques souvenirs de février 1916, en première ligne, entre Vacherauville et Samogneux. Pour terminer la publication de ces écrits « militaires », aussi décousus que son périple lui-même, mais riches de matière, de sous-entendus et d'une densité de vie peu commune, nous ajoutons les pages du Journal de 1917, griffonnées sur le papier de la Brasserie Lutetia à Paris, du Grand Café oriental d'Aix et du Grand Café Glacier à Marseille.

JOURNAL 1905

Le Journal écrit par Maurice Le Scouëzec en 1905 n'outrepasse pas la somme de cinq petits textes rédigés sur feuilles volantes, comme il le fera le plus souvent tout au long de sa vie, et trois d'entre eux sur papier à en-tête d'un café de Hyères. A cette époque, il termine son premier engagement dans l'armée, contracté le 26 juin 1901 au 7ème régiment de Dragons. Mais au mois de mars 1904, il a été transféré ; comme soldat de deuxième classe, au 4ème Régiment d'Infanterie Coloniale et c'est à ce titre qu'il passe une partie de son temps au Café de l'Univers, sur l'avenue Gambetta de la petite cité varoise.

En fait, il n'est déjà plus vraiment sous l'uniforme : il rêve, il se laisse aller déjà à la fascination de l'Afrique, qu'il ne connaît pas encore, à l'ivresse d'une liberté qu'il imagine avant de courir toute une existence à sa recherche, aux fantasmes de la forêt vierge, de l'or et de l'ivoire. Il y a là tous les éléments de sa passion pour le continent noir. Passion qui le conduira en 1905 et 1906 vers Dar-es-Salam, Zimbabwé et la cité de l'Or, Johannesburg ; qui le reprendra en 1925 et en 1928 et lui fera découvrir le Sénégal, le Soudan et ce que nous appelons aujourd'hui le Burkina-Faso, qui le mènera enfin en 1930 et 1931 du Nord au Sud de la Grande Ile madécasse. Les murs de pisé de Ouagadougou, la brousse à Sikiné, les sols rocailleux du Nema, la route de San et tout autant les citadelles rouges de Sazaïna et de Fenoarive, les rizières d'Antananarivo, le Tallé de Tuléar se trouvent ici en germe. Il les cherche déjà, il les appelle de ses vœux, avec les accents lyriques de la jeunesse.

Il n'a pas d'autre amour. En 1900, il s'était épris de Suzanne Petit, une lointaine cousine dont sa famille encourageait la fréquentation. On aurait bien voulu qu'il l'épousât — de même que l'on souhaitait que sa sœur Claire Petit fût fiancée à Loïc Le Scouëzec —, mais à condition bien sûr que Maurice eût une situation. Non seulement il n'en avait pas, mais la perspective même le repoussait, et il gardera toute sa vie le mépris de cette clause indispensable à tout mariage bourgeois.

Ces quelques notes de Hyères s'achèvent avant ce mois de juillet 1905 où il fera la connaissance de Lulu, cette jeune femme adorée dont il parlera encore vingt ans plus tard. Pour l'instant, il paraît être en plein vide affectif. Il avoue même, à propos de Suzanne qui occupe de temps en temps sa pensée depuis 1900 qu'il n'a jamais vraiment aimé «cette réellement jolie fille». Il ne croit pas à l'amour, dit-il, et nous sommes trop peu au courant de sa vie affective tout au long de sa vie pour affirmer qu'à un moment quelconque de son existence il y crut vraiment et qu'il le tint parfois pour autre chose qu'une «crise de nerfs bête». Maintes pages de son Journal postérieur expriment un manque d'enthousiasme total à cet égard.

Pour l'instant, il a vingt-quatre ans et pas un sou. Il ne sait guère s'il vaut mieux mourir en végétant dans une ville européenne ou vivre l'aventure au risque de mourir.

GLS

JOURNAL 1905

Comment diable se fait-il que je n'écrive plus ? Que s'est-il passé ? Est-ce le changement, ce changement plus que rapide par lequel je suis venu d'un pays froid dans un pays très chaud ? Est-ce le soleil ? Est-ce que les distractions sans nombre qu'il y a ici ont eu une influence sur moi ? En tout cas, depuis deux mois, je n'ai pas mis un mot sur un carnet[1].

Est-ce que pour cela je peux en déduire que je ne l'aime plus[2] ? Puis-je en déduire encore que je ne pense plus qu'à des choses plus que matérielles ? Suis-je devenu pour cela la brute rêvée ou détestée ? Je ne sais. Mais je constate.

Seulement maintenant je vois combien tout cela est vide. C'est elle, une gamine de 18 ans, qui me l'a appris. Je commence à ne plus croire qu'à une chose, c'est l'argent[3]. C'est à peu près la seule chose palpable. Avec lui, on a tout ce que l'on veut, amour, distractions, bonheur, etc. Sans lui, rien ! rien ! rien !

Aussi pour cette raison, il est absolument inutile de rester en France pour y végéter. Parlez-moi de la grande vie du désert, de la brousse, des pays sauvages aux forêts aussi vierges qu'immenses, des fauves étonnants, des fleurs aux variantes sans nombre. Peut-être est-ce encore une illusion. Il paraît que l'on n'a que cela dans la vie. Je ne sais pas, je verrais. Je veux le voir. Je sais conduire un bateau, je sais monter à cheval, je sais tirer un coup de fusil, c'est à peu près, je crois, tout ce qu'il y a d'utile pour aller dans la brousse. Ah ! il y a un cheveu et c'est le plus terrible, il est énorme, c'est une question. Il faut être courageux : le suis-je ? Mère dit que oui, mais en la croyant, j'ai toutes les qualités, donc son appréciation là-dessus ne compte pas. Jusqu'ici, dans toutes les circonstances où il en a fallu, où j'aurais dû et pu me le montrer, toujours j'ai eu une bonne raison pour disparaître, excepté dans les cas forcés, où rester n'était qu'une conséquence à une obligation, je dirais un devoir. Alors, alors ? Je pose la question, attendant la réponse.

---

[1] Ceci nous donne à entendre que des textes, écrits par Le Scouëzec entre 1901 et 1905, sont aujourd'hui perdus.
[2] De qui s'agit-il ici ? Sans doute de la jeune fille à laquelle il est fait plusieurs fois allusion dans le *Journal fait à bord de l'Ernest-Siegfried* (Cf. *Le Horn*, suivi du *Journal écrit à bord de l'Ernest-Siegfried*, arbredor.com, 2005), puisqu'il l'assimile lui-même à elle, ci-dessous. On a tout lieu de penser qu'il s'agit de sa cousine Suzanne Petit.
[3] L'argent devait être plus tard l'objet de la vindicte et du mépris de Le Scouëzec.

Je n'écris plus et l'envie ne s'en fait pas sentir.

Dois-je croire que je ne l'aime plus? En disant cela, je ne suis pas sincère, car je sais très bien que jamais je ne l'ai aimée. Je n'ai eu, je crois qu'une folie passagère pour cette réellement jolie fille, mais je ne crois guère à de l'amour. Les premiers temps peut-être, à mon départ sur le Siegfried[4] et encore après, cela n'a été que par besoin pour pouvoir me dire: j'aime, pour avoir la douce illusion pour le cerveau romanesque que je possède, de se dire: j'ai une intrigue. C'était très romanesque, c'était bien moi.

---

[4] L'Ernest-Siegfried, quatre-mâts barque sur lequel il effectua son troisième voyage de pilotin autour du monde (Cf. *Le Horn*, suivi du *Journal écrit à bord de l'Ernest-Siegfried*, arbredor.com, 2005).

Le 15 février 1905

Quoi ? à mon âge, à 24 ans, être obligé de vivre ainsi, pis que des sauvages, astreint à toutes sortes d'avanies et de reproches, que n'importe quel individu ait le droit de m'empêcher de sortir, de faire ce que je veux. Il me semble cependant que j'ai l'âge de raison, que je peux me conduire seul. Je sais ce que je fais, en tout cas cela ne peut faire de mal qu'à moi seul. Je vais, je cours peut-être à ma perte, qui sait ? Je m'en fiche.

Ah ! Soudan aux forêts impénétrables, aux animaux bizarres, aux fleurs étranges, aux beautés grandioses, quand donc serai-je près de toi ? Quand donc vivrai-je de ton air infesté de moustiques et de miasmes fiévreux, dysentériques, pestilentiels, cholériques, etc., et que sais-je ? il y en a tant de sortes. Quand donc vivrai-je de ton eau putride, fangeuse ? Quand donc vivrai-je de tes animaux dangereux et terribles aux griffes acérées, à la dent meurtrière, à l'œil fascinateur comme ces immenses serpents dont parlent les explorateurs ? Quand donc verrai-je toutes ces choses grandes et terribles, belles et horribles tout à la fois ? Quand donc serai-je seul, seul et libre ? Libre, oh ! ce mot ! Que ce doit être beau d'être libre ainsi que je l'entends, être le maître, n'avoir rien au-dessus de soi et faire ce qu'il vous plaît ! Être le maître, le seul et unique...

Hyères, le 8 mars 05

Encore quatre mois, mais même : après, que ferai-je ? où irai-je ? (That is the question). Je n'ai plus qu'une seule issue, c'est l'Afrique ? Et maintenant, ce n'est pas seulement parce que je t'aime, beau et grand continent, mais c'est aussi que j'ai besoin de toi. Non seulement j'aime tes grandes et immenses forêts, non seulement j'aime ta forte et dangereuse faune, non seulement j'aime ta terrible et toxique flore, mais aussi j'ai besoin d'eux, il faut que je les affronte, non pas par plaisir, mais parce qu'il le faut. Oui, il le faut. Il le faut : c'est terrible de se répéter ces trois mots qui, ainsi qu'une épée de Damoclès, sont suspendus au-dessus de moi. Il le faut. Et pardieu qu'il le faut!

Il le faut parce que l'on me croît avec une position. Il le faut parce que je m'ennuie de ses forêts. Il le faut parce que j'ai soif de liberté. Il le faut parce que la société m'horripile et me dégoûte souverainement. Enfin, il le faut parce que ma destinée est de courir les grands bois, de voir devant moi les grands espaces, les grandes prairies, la grande et immense et divine liberté (Et dire qu'il s'est trouvé un imbécile pour dire que tu n'étais qu'un mot ?). Il le faut encore parce que j'ai besoin de ton or, de tes diamants, de ton ivoire, parce que non seulement j'en ai besoin, mais parce que je les veux toutes ces richesses que tu enfermes dans ton sein, oui, je les veux, je les veux et je les aurai ou bien j'y mourrai.

Après tout, est-ce que la vie vaut tant la peine de s'en occuper, je ne crois pas. De deux choses l'une, ou bien vivre ou mourir. Si je ne peux pas l'un, je peux l'autre, donc ce sera l'autre. L'autre est un peu dur, je l'admets, mais à force d'y penser, on arrive à s'y habituer, et puis, ce doit être très rapide. En tout cas, on se défend aussi en se défendant. La mort semble moins dure à avaler, elle est passable. En somme, je suis à ce point bizarre de la vie où l'on se dit : faut-il prendre à droite ou à gauche, lequel est le bon ? On hésite, on balance : je suis dans ce cas. Seulement, mon cas n'est pas comme celui de tout le monde. J'ai l'immense avantage de me dire : si tu prends à droite, c'est :

1°   50 % risque de mort, plus il faudrait 2 ou 3 000 francs.

2° c'est la mort après avoir végété pendant un an ou deux, à Marseille ou ailleurs.

HYÈRES (VAR)
GRAND CAFÉ DE L'UNIVERS
C. BARRIN

Hyères, le 9-10 mars 05

Lequel prendre? «Choisis si tu peux, prends-le si tu l'oses». En effet, c'est très ardu, je balance. C'est une expression fausse dans ce cas. La vraie expression, c'est : je m'ennuie. Je veux, oui, je veux faire quelque chose. Seulement! Seulement voilà, il me faudrait de l'argent, oh! pas beaucoup, mais encore. Il m'en faudrait. Et où en trouver? En voler? Je ne demande que cela, mais où? Enfin, j'attends et j'espère toujours. C'est bête, très bête, de compter sur le hasard, mais il m'a bien des fois rendu service. J'attends. Cette fois-ci encore peut-être m'aidera-t-il, qui sait?

Je m'ennuie[5], oui, c'est la vraie expression. Je m'ennuie : cette lutte continuelle contre tout, les hommes, les choses, la vie, cela me rase, m'ennuie, me fatigue, me dégoûte. Par moments, je voudrais ne rien savoir, pas même lire et vivre comme ces brutes dans une cahute, pêcher tous les jours, me saouler tous les dimanches et vivre ainsi 365 jours et recommencer jusqu'à la mort.

Ils sont très heureux, ces gens-là. Ils se croient libres, ils le sont rationnellement. Du moment qu'ils se saoulent quand ils le veulent, cela suffit. Ah! pourquoi ne suis-je pas né dans une cabane de pêcheurs. Il m'aurait fallu l'un des deux : ou cela ou bien avec 50 ou 60 millions de rente et plus même naturellement. Je suis né au juste milieu et c'est ce qu'on appelle la vie. Et dire qu'il y a des gens qui peuvent en rire. Comment font-ils? J'en pleurerais de rage.

Moi qui n'admets pas de milieu, ou en haut ou en bas! ou riche ou pauvre! ou grand ou petit! ou intelligent ou bête! je ne suis ni riche ni pauvre; ni grand ni petit; ni intelligent ni bête; ah! dérision, et qu'y faire? Rien, je ne peux que hurler ou me taire et comme l'un et l'autre ont le même résultat, je me tais. Et

---

[5] C'est là, répété une fois de plus, le leitmotiv du *Journal fait à bord de l'Ernest-Siegfried* (Cf. *Le Horn*, suivi du *Journal écrit à bord de l'Ernest-Siegfried*, arbredor.com, 2005). On peut penser que Le Scouëzec a vécu les aventures qu'il a connues et créé l'œuvre immense qui est la sienne, parce qu'au départ de l'existence (et encore bien longtemps après), il s'ennuyait.

l'on appelle cela une vie. Quel est l'imbécile qui nous a mis là pour cela et pour quoi faire? Enfin… J'attends.

VOYAGE AU MEXIQUE

1909-1910

En décembre 1908, Le Scouëzec renonça à l'emploi de facteur mixte qu'il occupait à la Compagnie des Chemins de Fer de l'Ouest depuis le mois de mai de l'année précédente. En février 1909, il signe un nouvel engagement dans l'armée, comme fantassin de deuxième classe au 4ᵉ RIC, le régiment qu'il a quitté quatre ans plus tôt, après son séjour à Hyères. Mais, pour une raison qui ne nous est pas très claire, il ne répondra pas à l'ordre de route qui lui est ensuite adressé.

La seule explication de ce geste qu'il m'ait été donné d'entendre, c'est qu'il avait souscrit à ces quatre ans de nouvelle vie militaire avec le dessein exclusif de toucher la prime afférente et de s'enfuir avec l'argent. L'hypothèse est plausible et traduit peut-être le mobile qu'il aurait lui-même invoqué auprès de sa mère et de son frère. Elle n'est toutefois pas entièrement satisfaisante.

Il faut en particulier ajouter que nous ignorons tout des raisons qui l'ont fait abandonner sa place aux Chemins de Fer. Nous ne comprenons pas non plus pourquoi avec sa prime et sa part d'une campagne de pêche dans le Golfe de Gascogne, il se retrouve sans un sou à Bilbao, dès le mois de mars.

Il traîne la misère en Espagne, mais brièvement. Il s'embarque clandestinement sur un bateau anglais qui le débarquera à la Vera-Cruz : de là, pendant un an il sillonnera le Mexique, travaillant ici et là, courant la brousse, ramassant des émeraudes, traversant les marais en tirant au revolver sur les crocodiles, crevant de soif sur les grèves atlantiques, partageant les huttes des Indiens.

Les deux textes que nous publions ci-dessous, ont été écrits bien après les événements de 1909-1910, sans doute vers 1925-1930. Ils sont restés l'un et l'autre inachevés. Le premier est contenu dans un cahier de couverture bistre. Il relate le passage en Espagne, la traversée, puis le séjour à la Vera-Cruz et à Mexico, enfin une équipée dans le bled, à Ajetatitlan. L'histoire tourne court.

La seconde partie, rédigée en 1927, répond à la demande d'un interlocuteur inconnu : « Vous m'avez demandé de vous conter des aventures… ». Elle est rédigée sur feuilles volantes, comme la plus grande partie du Journal et raconte la longue errance au sud de Mexico, vers Alvarado et jusqu'à Tehuantepetl, puis de nouveau de la Vera-Cruz vers Tuxtla et de là Palenque, Tinasique… Le récit, ici encore, est brusquement interrompu, à la suite d'événements quelque peu rocambolesques, mais on peut légitimement penser que le retour en France ne dut pas tarder beaucoup après cela.

Nous ignorons tout des conditions dans lesquelles s'effectua la rentrée. Il se présenta au poste-frontière de Hendaye, le 4 mai 1910, venant sans doute de La Corogne où il aurait débarqué peu avant.

GLS

PREMIÈRE PARTIE :
DE DOUARNENEZ À AJETATITLAN

Après deux mois du chalutier dundee Jane Yannick Lecat, de Douarnenez, au mois de décembre, je posai mon sac à terre, fatigué de bourlinguer dans le golfe[6] à la recherche de vagues sardines pour gagner les quelques fayots et le boujaron, bases de notre nourriture.

Portugalete[7] : j'y restai le temps de boire un verre avec le matelot qui rentrait à la godille et j'allai vers Bilbao, grande ville, dit-on, pleine de travail. Mon sac était pas lourd, j'avais de bonnes jambes et des mille et mille illusions. J'arrivai en pleine illumination d'une ville noire, tragique. J'ai réussi à dormir sur des sacs, dans un chantier de démolition, dont le gardien français m'avait reconnu, déserteur lui-même, mais trop vieux, disait-il, pour aller plus loin.

Le lendemain, il m'indiqua le chemin et j'errai toute la journée dans des murs noirs, sans intérêt. Je me suis présenté en deux ou trois endroits : rien. Il est vrai que je ne savais que quelques mots d'anglais. Le soir, sur une indication de mon type, je fus coucher à la « Casa de los povres »[8], une drôle de boîte. On m'a pris mes papiers, mon argent, mon couteau, on m'a laissé tabac et cigarettes, et nous sommes entrés une trentaine dans une salle immense, dallée en marbre, éclairée à l'électricité. Chacun a eu son lit et face au centre, on s'est foutu à poil (à cause des poux).

Le lendemain, on m'a rendu mon matériel et on m'a fait signer un registre. De nouveau, il y avait un français là-dedans. On fit connaissance et il m'expliqua que j'avais encore deux nuits à coucher là. Après, finish, fallait avoir du travail ou mettre à la voile. On a erré toute la journée dans ce pays sans intérêt. Il y avait des mois qu'il vadrouillait en Espagne. D'après lui, il n'y avait de bon que les moines. Ah ! les couvents épatants !

Il était déserteur d'un cargo, mais à Alicante, avait traversé toute l'Espagne, nourri par les couvents, vivant d'aumônes et de hasard. Il était sérieusement dégoûté d'ailleurs de tout, mais surtout du pain de maïs. On en mange dans la montagne.

---

[6] Le golfe de Gascogne.
[7] Avant-port de Bilbao.
[8] La maison des pauvres.

A six heures, retour à la porte de la Casa. Conversation très longue avec les Espagnols. On me regarde beaucoup, ce qui ne m'étonne pas : j'ai un pantalon en bon état, un paletot de même et une casquette, de bonnes chaussures, chemise propre. Au milieu de ces débris, je suis un être à part. Enfin, après toutes ces formalités, nous sommes au lit. J'y apprends qu'il y a un couvent de l'autre côté de la rivière, où on peut encore coucher trois nuits

pendant six jours, nous avons erré à travers cette ville, sous un crachin lamentable, ramassant les mégots, mangeant au couvent, couchant chez « las Pobres ». Le troisième jour, je fis une constatation qui m'épouvanta : j'avais des poux. Le copain — je n'ai jamais su son nom — se rit de moi copieusement. Enfin nous nous sommes, à force de retourner la question, dirigés sur le Consulat, afin de demander aide et assistance. Il a été très chic, nous a donné vingt sous chacun et dit qu'à Lachana, il y avait du travail pour nous.

On est parti en chantant et en gaieté, sans aucune connaissance du lieu où nous allions. Mines de fer, terre rouge, hauts fourneaux, wagons, rails, locomotives, une épouvantable poussière rouge. A midi, nous étions embauchés, à 1 h au travail. Pas de chambre pour dormir, la première auberge à 6 km. Tout étant plein ici, obligés de coucher dans les soubassements de vagues fourneaux hors service momentanément, on retournait nos paletots et pantalons pour se rouler dans la poussière rouge. Le jour, on nettoyait le minerai. Nous étions par équipe de dix et devions charger deux wagons dans notre journée. Le troisième jour, j'avais tellement mal aux reins, dégoûté, je suis reparti seul à Portugalete avec le secret espoir que Yvonik serait encore là.

Rien, elle était partie. J'allai voir les marchands d'hommes, mais tous me répondaient : la libretta[9]. J'avais beau faire l'imbécile, rien, ils ne voulaient rien entendre. J'errai sur le quai de la rivière de Bilbao et, je ne sais comment, engageant la conversation avec un big man [10] qui, accoudé sur le môle, regardait la mer, il me parla de son ship[11] qui partait ce soir en Amérique, que j'y pourrai embarquer, que le second master [12]allait revenir, il n'y avait qu'à lui en toucher un mot. En effet, il revint, mais j'eus beau lui demander dans mon argot anglais, que j'étais au bout, rien.

J'ai repris mon errance et j'ai abouti dans une auberge où j'ai couché avec cinq autres types, dans la même turne. Toute la nuit, une idée s'était implantée : embarquer à tout prix, sortir de cette infâme purée, de ce pays de misère.

---

[9] Le carnet de travail.
[10] Gros homme.
[11] Bateau.
[12] Maître.

Quand j'eus parcouru le port, il y avait quatre bateaux en rade et deux à quai, deux pavillons espagnols, un français et trois anglais. Deux allaient je ne sais où, un rentrait en Angleterre, les Espagnols ni le Français ne comptaient. Un des Anglais était à quai et prenait eau.

J'avais acheté presque un kilo de pain et n'avais que ça d'apparent. Toute ma fortune était sur moi. J'avais capelé mes trois chemises l'une sur l'autre. Quand vint la nuit, je surveillai l'Anglais qui se vida d'abord de quelques officiers allant à Bilbao, puis des hommes, par deux ou plus, s'enfoncèrent dans les boîtes lumineuses, enfin, vers huit heures, tout étant silencieux, j'empoignai la filière et j'embarquai.

J'ai traversé tout le bateau sans encombre. J'ai eu une trouille du diable devant la cuisine, mais le cook avait autre chose à faire. Sous le gaillard, je me suis repéré. Finalement, je suis descendu dans la soute au coqueron, puis dans le coqueron lui-même. Il faisait tiède, je me suis couché et j'ai dormi.

Quand je me suis réveillé, je sentis le mouvement connu, nous étions en mer. Je finis mon pain et me rendormis. Je commençais à m'étonner de la facilité de mon embarquement. Je me suis réveillé trois ou quatre fois et rendormi tout le temps. Enfin on tanguait toujours et même très dur, j'ai levé la trappe et je suis sorti. Il faisait nuit. Le premier homme qui est passé, je l'ai attrapé et lui demandai à voir le master. Ah! la belle engueulade de cet homme de l'ordre… et on m'a descendu dans la soute. Dix-neuf jours de ce métier. Enfin il y faisait chaud et n'y pleuvait pas, et tous les jours beurre, confiture et bœuf salé, bien entendu.

Curieux les Anglais. J'ai pu lier connaissance avec un autre coalman[13] et un second engineer[14] qui ont été très chics. Tout le reste du bateau m'a traité en intrus irrégulier. Le coalman m'a donné ten shillings[15] de lui-même, me disant:

—J'ai été blackball[16], moi aussi, of course[17].

En sortant des alizés, dans la mer des Sargasses, nous avons eu un coup de temps imprévu épouvantable. Il y avait six cochons à l'avant, dans une cage de bois accorée contre la cuisine. A un moment, nous avons mis le nez dedans et embarqué une centaine de tonnes d'eau qui ont défoncé la cage à cochons. Au hasard de cet incident, je me coltinai avec un grand big[18] morceau d'anglais que je retrouvai au quart, en bas, du lendemain, souriant. Nous échangeâmes des

---

[13] Soutier.
[14] Ingénieur.
[15] Dix shillings.
[16] Au noir, hors rôle.
[17] Naturellement.
[18] Gros.

idées. Il était passager et prospecteur d'or, venant du Transvaal. Chose curieuse, il était aussi peu présentable que moi, mais avait un melon sur la tête. C'était curieux et tirait l'œil, ce dont il ne s'occupait pas d'ailleurs.

Deux jours après, nous entrions en Habana[19]. Douanes, police, enfin une heure après, je suis amené au master. Trois ou quatre galonnés sont assis près de lui, continuant une conversation à laquelle je ne comprends rien. Enfin le master me demande si je possède deux cents dollars. A ma réponse négative, on appelle un immense chapeau de feutre ayant un uniforme verdâtre et deux énormes revolvers à la ceinture, et qui m'emmène. A la porte, le master me rappelle et me dit :

—Jamais venu en Amérique ? Eh bien ! rappelez-vous qu'ici chaque policeman a le droit de fuite. All right, go[20] !

Et j'allai, suivi de mes deux revolvers, sans avoir compris ce qu'était le droit de fuite.

Une chose m'étonnait. C'est que c'était le policeman qui avait ce droit. J'aurais cru le contraire. Enfin, j'étais à terre et ailleurs qu'en Espagne. Ce que je voyais me semblait magnifique, très calme, très espagnol. Nous marchions assez vite et aboutîmes à un bureau où il y avait du monde à la porte et j'y reconnus le prospecteur et son melon, et des émigrants d'un autre navire.

Nous attendîmes longtemps et soudain, vers cinq heures du soir, on nous embarqua dans une vedette à vapeur qui traversa la rade. Je vis l'épave du Maine de très près et, dans une sorte de jardin qu'on nous fit traverser, on nous débarqua. Il y avait un vieux fort à gauche, perdu dans des mimosas. Et sur le pourtour, une dizaine de paires de revolvers comme ceux qui nous accompagnaient.

On nous encadra. Les revolvers marchaient à un pas rythmé, les sans-le-sou au hasard. C'était curieux et ça devenait drôle. Deux cents mètres plus loin, devant une véranda à allure d'hôpital, on nous arrêta et on nous livra à des infirmiers et des infirmières. Appel, contrôle, questions en espagnol, réponses en français, discussions enfin, haussements d'épaules et alignement devant une table. On nous sert un dîner très acceptable et dans des sortes de lits de pensionnaires il faut se coucher.

J'allume une cigarette. L'infirmier arrive, crie, proteste. Je fume toujours. On me fait sortir, mais dehors, il y a un homme à revolver qui me fait signe de rentrer. Je refuse. Il m'explique longuement… et je rallume une autre cigarette. Désespéré, il va chercher une autre paire de revolvers, ils discutent et se séparent.

---

[19] La Havane.
[20] Très bien, allez-y.

Arrive alors un individu sans revolver, mais plein de galons, qui me raconte encore une petite histoire. Alors, en français, je lui réponds que ce qu'il me dit est certainement très drôle, mais comme je n'ai jamais su un mot d'espagnol, il perd son temps etc etc.

Il s'en va et revient avec un autre, deux fois plus galonné que lui, qui recommence. Je répond encore de la même façon. Et soudain cet homme a une idée de génie :

—Francese [21]… Ah ! bon, bon…

Et les deux filent encore.

Dix minutes après, des galons arrivent, les deux mêmes, plus un qui, cette fois, sait dix mots de français. Vague explication, mais je comprends qu'il me dit que je peux rester là, mais défense d'aller plus loin que l'homme aux revolvers :

—Sans cela, mato. Si, si, mato [22]…

Cette fois, je peux fumer tranquille, sous l'œil de mes énormes gardiens et de leurs énormes revolvers. Vers 11 h, je vais me coucher et le lendemain, après un excellent café, nos revolvers nous reprennent à la vedette, nous embarquent et on nous ramène au Commonwealth de Cardiff, qui nous attendait dans sa couche de rouille. Deux heures après, l'ancre à pic dérapait et nous partions pour la Vera-Cruz.

Deux jours après, en vue de terre, on m'appelle au master. Je monte et dans la chambre de veille, je trouve le Grand Mât qui, souriant, me fait un discours, comme quoi je suis un fucking[23] ou bloody black man[24], mais un good fellow[25], et me glisse un gros pound[26] en or dans la main, en me souhaitant bonne chance, avec une bonne tape amicale sur l'épaule. Il m'a fait boire un verre de whisky et go on[27].

Sitôt le pilote à bord, un policeman, petit sans revolver, un bâton de palissandre à la main… Il était vêtu de toiles blanches galonnées de rouge. Nous sommes descendus ensemble et il m'a emmené à la douane. Nom, âge, profession… Sourires… Je montre ma fortune, 50 shillings. On re-sourit et je suis libre avec 37 dollars en poche. Ballade en baille blanche à véranda. Et je rencontre sur un banc, un français correct qui me demande un tas de tuyaux et finalement m'en

---

[21] Sic (italien), évidemment pour espagnol Francès, Français.
[22] Tué, oui, oui, tué.
[23] Jeanfoutre.
[24] Sacré vaurien.
[25] Bon garçon.
[26] Une livre anglaise.
[27] Vas-y.

donne un seul : ici, rien à faire, la crise commerciale, pronunciamento, ferez mieux d'aller à Mexico.

Je m'installe à un café. J'y retrouve un autre français charmant qui me dit mêmes choses et de plus qu'il y a la fièvre jaune. Elle est en permanence, à raison d'une vingtaine de cas par jour.

— D'ailleurs, me dit-il, si vous partez, j'ai un ami qui part ce soir, je vous présenterai, vous pourrez au moins voyager ensemble.

Je me fichais de la fièvre jaune, ne l'ayant jamais vue nulle part, mais, ayant fait le tour de cette petite ville de province, je pensais bien qu'il n'y avait rien à faire. J'acceptai, et le soir je prenais le train avec un monsieur poseur, mécanicien à la Tabacallero mexicano, qui m'a semblé un idiot parfait et dont je n'ai même pas retenu le nom.

A sept heures, Mexico, grande ville. Les deux mains dans mes poches, je vais tout droit devant moi dans l'avenue des Hombres Illustres[28] : ce n'est pas difficile, l'espagnol, mais il va falloir comprendre l'esprit de la langue même.

Je trouve dans une rue adjacente un Café Francès[29]. Après hésitation, j'y entre, y bois une décoction de café d'une violence extrême et je repars chercher un hôtel que je trouve avenue du 16 septembre. Un dollar la journée. Menger Hotel, on parle anglais, très commode pour moi, n'ayant pas quatre mots d'espagnol.

Au Café Englès[30], je trouve un français qui me conseille de mettre une annonce dans un journal français. Je vais au Cercle Français et on accepte gratuitement une annonce comme quoi un Monsieur Garfer, peintre et photographe[31], cherche travail. En l'attente, je me baladais au milieu des pelados, ayunadors ou pulqueros[32]. Je vivais surtout sur le côté du Rastro[33], dans Cuatemoctzin, quartier éminemment populeux dans le sens indios[34], comme on disait ici. Je déjeunais chez un chinois, à la troisième cuadra[35], je mangeais des pains au riz exquis et des poissons frits parcimonieusement.

---

[28] Hommes illustres.
[29] Café Français.
[30] Café Anglais.
[31] Il ressort de cette petite mention qu'en 1909, Le Scouëzec se considérait déjà comme peintre. Nous savons par le Journal fait à bord de l'Ernest-Siegfried (Cf. *Le Horn*, suivi du *Journal écrit à bord de l'Ernest-Siegfried,* arbredor.com, 2005) qu'il faisait dès cette époque de la photo. Le pseudonyme de Garfer ne nous a pas permis néanmoins de retrouver d'éventuelles œuvres de Le Scouëzec — et il y en eut — réalisées au Mexique.
[32] Tondus, Affamés ou buveurs de Pulque (Jus de cactus fermenté).
[33] Marché aux Puces.
[34] Indien (péjoratif).
[35] Carré, pâté de maisons.

Voyant mes dollars diminuer, le soir je quittai la maison d'adabé [36] pour revenir au Café Englès où je ne connaissais personne, mais le café coûtait cinco centavos[37]. Il est vrai qu'on donnait dix centavos de pourboire à des garçons européens, insolents comme tous les garçons de café. De plus, il y avait un orgue électrique qui tournait à grand fracas la «Veuve Joyeuse» ou le «Comte de Luxembourg» : jamais je n'ai entendu autre chose.

Un jour, j'étais au jardin de Benito Juarez, presque à l'avenue de Chajaltepetl, un individu sur l'autre bout du banc. Je rêvais à je ne sais quoi, quand il lia conversation et soudain, plus bas, me dit :

—Tu cherches du travail, moi aussi. Je vais entrer comme électricien, mais si tu veux, j'ai une affaire… Oui, c'est une affaire épatante. Tu connais Pacheco ? Bon, ça ne fait rien, c'est là où sont les mines d'or. Tous les quinze jours, il y a un train qui descend sur la Vera-Cruz. Il est composé de cinq wagons de marchandises, l'or est au milieu. Le wagon de tête, il y a vingt rurales [38] et, en queue, vingt autres, tous revolvers, carabines et mitrailleuses. D'autre part, tu es venu par Vera-Cruz, tu as vu Maltruta… Ah! mon vieux, t'as rien vu alors… Eh bien! c'est un ravin de 200 m de fond. Là-dessus, on a jeté un viaduc. Il y a un gardien à l'entrée et à la sortie. Tu comprends… On descend les deux gardiens, on fout une cartouche de dynamite sur le rail, on fait les signaux réglementaires et on descend tranquillement ramasser les lingots en bas où on a des chevaux et on file en vitesse. Tu comprends ?…

Il m'a un peu assommé, ce type. Rien que ça, d'un coup! Je pensais être un affranchi, mais tout de même, c'était dur, quarante bonshommes pour ça! J'ai refusé en souriant, un peu honteux, lui disant que j'attendais du travail, etc.

En rentrant à l'hôtel, j'avais une lettre d'un individu inconnu, écrite en espagnol, absolument illisible, et son adresse en dessous. Depuis mes quelques jours de circulation dans le pays, je n'avais pas quitté la Plazza, San Francesco et Benito Juarez, sauf côté indien, mais à l'angle de San Juan de Latran, il y avait un bar tenu par un français, type étrange, transparent, buvant douze absinthes pendant que midi sonnait. C'était un ultra-chic bar, mais consommations pas exagérées. J'allai le voir, il me traduisit et me fit répondre, donnant rendez-vous chez lui.

Vers 5 h, arriva une sorte de pasteur protestant à lunettes, sec comme un palmier, pantalon et paletot trop grand, mode américaine, que je ne connaissais pas, tout ceci un peu râpé. Il causa beaucoup, trouva mes aquarelles[39] très belles et

---

[36] Bois du pays.
[37] Cinq centimes.
[38] Gardes champêtres.
[39] L'on remarquera cette nouvelle mention d'un travail artistique de la part de Le Scouëzec

finalement, Bernier me traduisant, rendez-vous à 6 h du matin, il m'emmenait, on ferait le prix là-bas.

Quand il fut parti, Bernier me dit :

—Le prix ici n'a aucune importance. Il est obligé de vous payer le tarif, mais je lui ai dit que vous étiez retocador, retoucheur.

Je fis la grimace, je n'y connaissais rien.

—Bah! Allez toujours, vous verrez bien.

Le lendemain, à 7 h, en première classe, nous prenons un train. Après la traversée d'un pays formidable, désertique, terres brûlées de soleil et pleines de cactus, aloès etc., sans herbe, quelques cases en adabé par-ci par-là. Soudain une station, vague construction en planches et en tôle de trunk à pétrole, deux employés indigènes. Des Pelados descendent ou montent, chargés de paquets, ayant de trop grands pantalons blancs et une blouse de coton blanc flottante ou nouée à la ceinture, et sur la tête un chapeau en paille, énorme, immense, qui leur cache presque les yeux.

Au bout de l'espèce de quai, une fantastique apparition, un individu de 1,80 m, chose rare pour un indigène, coiffé de l'éteignoir habituel, mais en feutre gris, dont les bords brodés d'or sous le menton, une sorte de jugulaire pendante chargée d'or et de deux glands lourds. Enveloppé jusqu'au ventre dans un puncho gris et, soutenant le tout, deux échasses sèches, nerveuses, moulées dans un pantalon collant jusqu'aux genoux. Au-dessous, cela s'évase en pattes d'éléphant et s'ouvre en bouffant de soie bleue. Sous le puncho, ceinturant le ventre, deux crosses de revolver dont les canons apparaissent noirs, semblant avoir 40 cm de long; sur le côté gauche, un sabre courbe de 1,50 m de long et, à gauche, une carabine accrochée à la ceinture. Il ne bouge pas plus que les pyramides qui sont un peu plus loin. La cloche sonne sans qu'il ait remué.

La conversation avec mon type est calme. De temps à autre, il me questionne. Je réponds comme je peux, ce n'est pas varié. Enfin il prend sa valise, j'entends la cloche du train signalant une gare et à l'arrêt, nous descendons. Il fait doux. Soleil. Nous sortons de la station. Il n'y a que deux pelados qui semblent gelés, qui tiennent quatre ou cinq chevaux, selles de cuir étranges, cloutées de cuivre ou d'argent et ayant des étriers comme des sabots.

Devant nous, une côte désertique, jaunâtre, sans herbe, toujours des cactus. A 1 km, une construction en planches ajoutée à une plus importante en adabé, sur le côté. C'est là où nous allons. Cinq ou six chevaux amarrés à une barre plantée

---

pendant son séjour au Mexique. Il s'agit ici d'aquarelles et il ne semble pas en effet que le peintre se soit essayé à l'huile avant 1912 ou 1913.

en terre à cet effet. Chose étrange, ils ont la tête basse, semblant dormir. Mêmes selles, même harnachement que précédemment. Nous entrons. Deux pelados à la porte nous regardent, les yeux vides, toujours frileux. Les cavaliers des montures sont là et je retrouve mon apparition de l'autre station, sans puncho. Celui-là est vivant. Carajo[40]. Il cause fort, d'ailleurs les autres aussi.

Mon type connaît tout ce monde et une longue conversation s'ensuit. Il me semble que c'est moi qui fait les frais d'abord, puis ils pensent à autre chose. La salle est grande, ce doit être une épicerie où il y a un bar. Cependant, on y vend des revolvers qui ont au moins 40 cm de long. Je n'ai jamais vu de pareilles mitrailleuses. Par la même occasion, je constate qu'ils en ont tous, quelquefois deux, mais tous en ont au moins un. Cela leur bat les fesses ou le bas-ventre, attaché par une ceinture qui soutient une gaine de cuir brut.

Tout ce monde est très gai et boit dans d'immenses gallers[41] qui doivent tenir un litre au moins d'un liquide un peu opalin et sale. Je continue mon inspection. Une Indienne a de longues nattes ramenées sur ses énormes seins, et son gros ventre circule dans une demi-obscurité en m'examinant avec attention. Il y a un énorme baril aussi haut que moi, au bout de cette sorte de comptoir qui m'intrigue. Je vais voir. Quelle fichue idée! J'ai à peine eu le temps de jeter les yeux et de reconnaître le brandy qu'ils boivent, que le sabre et les mitrailleuses sont autour de moi, riant leurs verres à la main. Le patron de la maison plonge un bâton dans le baril et bat tout le liquide quelques minutes et on me met en mains un galler plein de cette chose qui ferait croire à du blanc d'œuf.

On trinque. L'homme au sabre me flanque trois ou quatre tapes dans le dos et on boit. J'avale froidement la moitié du galler en retenant une grimace. C'est bien du blanc d'œuf, mais bougrement avancé. On me dit:

— Pulque, Pulque bono[42].

Je vide tout de même mon verre et toute la matinée, nous restons devant ce comptoir à causer. Je suis un peu saoul, ce blanc d'œuf fait de l'effet. Enfin, vers 1 h, nous nous mettons à table. Nous ne sommes plus que quatre, dont le patron. Les autres ont enjambé leurs montures et sont partis dans un galop fou et une poussière d'enfer. Deux heures à table, à manger des choses étranges. Une surtout: une longue sauce grasse où baignent des choses collantes, pimentées en diable. D'ailleurs il y a du piment dans tout et il y a sur la table une assiette pleine de piments verts où chacun prend du surplus.

---

[40] Sans doute juron mexicain.
[41] Sorte de grand récipient à boire.
[42] Du pulque, du bon pulque. Le pulque est selon Le Scouëzec lui-même (Cf ci-dessous), du jus de cactus fermenté.

Enfin, nous terminons par un demi-mouton rôti. On mange sans fourchettes, ni cuiller et il n'y a pas de pain. On le remplace par des galettes bizarres ressemblant à des crêpes sans beurre. C'est d'ailleurs bon. La cuisine est étrange, mais bonne en définitive.

Enfin, vers 5 h, nous reprenons le train après salutations nombreuses et un nouveau verre de pulque. Mon manager soufre et, congestionné, reste sur la passerelle arrière du wagon. Moi-même, je ne suis pas en état ordinaire. Ce blanc d'œuf, je ne sais ce qu'ils mettent dedans, mais cela me semble très alcoolisé.

Il doit être très tard, quand il me fait signe, reprenant sa valise. Il fait nuit et nous descendons dans le noir. Un énorme chapeau nous attend. J'entends des piétinements de chevaux. Le train sonne sa cloche.

Mon manager me crie :

— Save… montar a caballo[43] ?

J'ai compris. Je réponds :

— Si, si, bueno[44]…

On m'amène une bête que j'enfourche, et, brusquement, départ au galop fantastique. Je pense que nous sommes dans le même désert que je viens de parcourir et tout haut je dis :

— Si tu te casses pas la gueule, t'auras de la veine.

Une demi-heure à ce train. Comme j'étais au milieu, je bouffais une poussière du diable. Enfin, brusquement encore, on se met au pas. Ils n'ont pas l'air de savoir le trot dans ce pays. Quelle navigation de sauvages !

Enfin nous devons être près du patelin. Dans tout ce noir, j'aperçois quelques points lumineux. Nous reprenons notre galop de charge et j'entends :

— Francès, Francès…

et je ne sais quoi en espagnol.

Une porte s'ouvre, nous sommes en lumière. Je devine mon type et je fais comme lui. J'arrête, tandis que la horde continue follement.

Pied à terre. Un grand chapeau prend respectueusement mon cheval plein de sueur et nous entrons dans un vestibule style jésuite, peinture à la colle sur les murs, dalles de marbre blanc et noir à terre. Nous traversons une petite cour qui me semble humide, montons un escalier en pierre et aboutissons dans une salle à manger. Table mise. Présentation à deux femmes, une blanche, grande, bien, imposante, piquée de la petite vérole, une mantille espagnole sur ses cheveux

---

[43] Vous savez… monter à cheval ?

[44] Oui, oui, bien. Le Scouëzec savait monter à cheval depuis son premier engagement dans les Dragons en 1901.

noirs, les mains baguées, croisées sur le ventre; l'autre, indienne puro sangre[45], figure rondouillarde, trouée de deux yeux terribles.

On m'indique un siège et nous dînons: des galettes, pas de pain et de nouveau ces espèces de morceaux collants dans une sauce de feu. On boit de l'eau. Les trois types causent ensemble. Je fais les frais. On nous sert un café exquis et mon grand bonhomme me parle et me fait signe. Nous partons. Salutations, amabilités.

Il est devant. Nous enfilons une longue suite de pièces, emplies de dorures et de rouge. Tout cela palpite et flamboie sous sa bougie. A la six ou septième, beaucoup plus grande, nous arrêtons. Je devine un matelas et des draps à terre. Je me déshabille, me couche et il emporte la bougie. Ouf! Pour une journée, c'en est une!

Le lendemain, café, des galettes, du beurre, des confitures. Nous sortons après cela, allons voir le pays. Quatre ou cinq cents habitants. De quoi vivent-ils? Est-ce de cette immense montagne fantôme? Il me l'a montrée tout à l'heure, me disant: Malindji[46]. Partout je ne vois que des cailloux et des cactus. Ici, une nouvelle variété pleine de piquants, qui a 7 et 8 m de haut. Ils ont l'air d'en faire des enceintes de propriété.

Je vois trois ou quatre bazars dans le genre de celui où j'ai déjeuné hier, peuplés d'indigènes ou de pelados. Nous suivons la rue. Au bout, une dépression. Il y a là une vieille construction espagnole, peinte en ocre rouge et qui semble un peu forteresse. Elle est ombragée d'arbres étranges, semblables à des saules pleureurs, mais le feuillage est comme des cheveux.

Au retour, nous nous arrêtons à un de ces bazars. Il y a huit ou dix individus avec des vestes trop courtes, deux seulement avec la mitrailleuse. Ceux-là seulement n'ont pas l'air d'être du pays même, il y a des chevaux à la porte. On me présente, j'entends: Francés. Puis on parle d'autre chose. Il y a un bossu avec une jaquette noire et un chapeau imposant. Il a l'air d'une mauvaise bête dans cet ensemble où il semble quelqu'un.

Tous ces gens semblent très doux. On est charmant avec moi. Il faut boire. On boit beaucoup. Pulque toujours et anisado[47].

Nous repartons et sortons de cette rue. Nous prenons une rue adjacente, tombant en plein désert sur une construction, ferme quelconque. Il y a des bêtes et des chevaux, et quelques grands chapeaux qui tournent autour. Nous entrons

---

[45] Pur sang.
[46] Il s'agit vraisemblablement d'un nom propre de lieu, à moins que ce ne soit un mot indien.
[47] Anisé.

dans la maison et re-buvons après une nouvelle présentation. Ici un individu en pantalon de cuir parle un peu d'anglais. J'ai quelques explications sur le pays et tout l'étrange que je perçois ou ai perçu.

D'abord, je suis à Ajetatitlan. Ce que l'on boit est du pulque, le jus de tous ces cactus. Il paraît qu'on en fait une consommation formidable ici. Ils vivent, paraît-il, de cela et de maïs. Cette fois, nous rentrons à la petite maison pleine d'humidité. Il me place devant une table avec un truc en verre…

DEUXIÈME PARTIE :
AU MEXIQUE

Vous m'avez demandé de vous conter des aventures, une me vient depuis ce matin, elle me trotte dans la tête. Figurez-vous que j'étais à la Vera-Cruz depuis un mois et demi environ, peut-être deux. J'avais été chauffeur d'une locomotive du Vera-Cruz-Mexico (Railways ou Ferrocaril comme vous voudrez), j'avais déchargé le charbon anglais, remué des poteaux télégraphiques, raccommodé des filets, etc., exécuté de petits travaux délicats pour un prix extraordinaire, trois dollars par jour. Heureusement, j'avais l'avantage de dormir dans un abattoir où je couchais dans les sacs de sel.

Je venais d'être mis à la porte de la Socite Terminale del Puerto où je conduisais deux chaudières à bouilleurs. J'avais de mauvaises chaussures, paletot et pantalon dans le même état et chapeau semblable. J'avais connu O'Brien en déchargeant le charbon sur le Week-end de West-Hartlepool, d'où il avait déserté. Il ne savait pas un mot d'espagnol ni de français, vous voyez à peu près sa situation. Nous étions d'ailleurs à la même enseigne.

Je connaissais de plus un Français tenant une boutique de livres sous les arcades de Palameda, face à l'Ayuntamento, un ancien pharmacien du midi de la France, ayant une quelconque histoire d'avortement, cinquante ans, un type fini moralement et physiquement vieux. En outre, par ce Colombier de pharmacien, j'avais connu Le Medic, un breton qui parlait latin, l'ayant appris seul et très fier de cette imbécillité, citant à tout propos des noms en -um ou en -a ou en -us, essayant de nous épater. Je dois dire qu'il épatait le pharmacien.

Le soir, après le travail ? Quand il y en avait… on causait, on projetait un tas de choses qui avortaient toutes et on recommençait le lendemain. Un soir, j'en avais par dessus la tête, il y avait bien huit jours que je vivais de café crème où je mettais dix morceaux de sucre. Nous étions sur un banc, face au café de l'Alameda. Le Medic me dit :

— Qu'avez-vous ?

Je n'avais rien de particulier, mais le pharmacien se lève et me dit en grattant sa barbe :

—Allez donc en face leur demander du vinaigre. A la tienda[48].

Etonné, je me demandais s'ils étaient fous, mais un vide s'était fait autour de moi, un flic arrivait et j'étais prié poliment (?) de le suivre. J'allai au commissariat ou un brancard m'emmena en grande vitesse et il n'y a qu'en arrivant à l'hôpital qu'en me livrant à l'infirmier, j'entendis le mot expliquant tout : Vomito[49].

Dix minutes après, j'étais dans un lit, à poil, enveloppé d'une couverture de laine rouge. Oh ! ce rouge : j'ai été rouge de la pointe des pieds au cou pendant plus de quinze jours après. Ma foi, le matelas était bon. Un moment passa et une demi-douzaine d'imbéciles arriva en chemises blanches, l'un traînant une table à roulettes pleine des Baumes d'acier sur une serviette.

Après interrogatoire et constatation d'une fièvre légère, 39° si je me souviens, je suis autorisé à manger, mais interdiction de me lever. État grave. Enfin, je mangeais. Le copain à côté mangeait officiellement. C'était moi qui bouffait à sa place ses deux tortillas et ses cactus au piment. Vous n'avez jamais goûté ça, c'est épatant, on croirait bouffer de la colle un peu dure, enfin, on a le ventre plein, c'est quelque chose.

Patatras, au bout de trois jours, j'engraissais. Ils m'ont foutu dehors, j'avais pas le Vomito. Quelle santé ! Il y en avait trente dans la piaule qui claquaient en criant et râlant d'ailleurs très fort, et j'ai rien attrapé.

Mais en plus, j'étais de nouveau dehors, sans domicile. Le Rastro avait fermé ses portes, les va-nu-pieds abîmaient les sacs de sel. J'allais retrouver la bande de purotins et de tire-au-flanc dans le Norte qui était vraiment pas chaud. Le soir, on couchait avec O'Brien et Le Medic dans un caniveau sur le Tehuantepetl Ferrocaril, à 3 km de la Vera-Cruz. On dormait mal, c'était plein de moustiques et de courants d'air affreusement froids. Huit jours de cette vie, je ne me souviens même plus comment j'ai mangé.

Enfin, un après-midi, je regardais des pêcheurs et un de ces métis d'Indiens que j'avais vu plusieurs fois m'adresser la parole. Au bout d'un moment de conversation, je lui dis que j'étais matelot. C'était d'ailleurs le métier de fond que je possédais et ce type m'engage pendant une quinzaine. J'ai pêché des huîtres par 10 et 15 m de fond, j'ai gagné jusqu'à 6 et 7 dollars par jour. Alors, ayant quelques sous devant moi, l'idée de la ballade est revenue et avec O'Brien, on a préparé un départ. Les deux autres se trouvaient tellement bien dans leur misère inerte… et un jour radieux de novembre, nous avons pris le Tehuantepetl jusqu'à Tierra Blanca où tous deux nous sommes descendus. Bien nommé, ce patelin : la gare,

---

[48] Épicerie.
[49] Vomissement. Ici synonyme de Fièvre jaune.

une maison en tôle ondulée et la terre blanche tachée de rouge. Au fond, en face, la forêt, El Monte, comme ils disent.

Il avait un Colt et cinquante cartouches de trente-deux, et moi une Winchester et cinquante cartouches de quarante-quatre, des balles à éléphant quoi, une chemise de rechange, un bouquin de Schopenhauer en espagnol que je n'ai jamais réussi à lire en entier, et je ne sais quoi, mais avec les cartouches, je devais avoir une dizaine de kilos enroulés dans un morceau de sarape [50], et le tout lié avec des bandes molletières que je croisais devant et derrière. Ajoutez une barbe de quinze jours et n'étant pas en possession de savon, je devais être aussi sale qu'O'Brien.

Nous avons fait 20 km en direction d'El Monte. Nous arrivons dans une hacienda de hule [51] qui était tenue en gérance par un paysan à lui, un irlandais épatant d'ailleurs. Huit jours de travail tranquille, payé, bien nourri, traité à égalité par ce grand énergumène. Je crois être parti pour un coup de carabine, je ne me souviens pas très bien, mais je crois que c'est la vraie cause. On a tiré tous les deux une sorte de singe qu'ils appellent un tejane. Quand il est tombé, j'ai prétendu que c'était moi, lui a soutenu que c'était lui, bien entendu. Je n'ai jamais rien compris à cette histoire, je crois que la bête est morte de peur, elle n'avait pas une blessure en la dépouillant. Toujours est-il que le lendemain, j'étais à Terra Bianca où il eut la gentillesse de me ramener en voiture. J'avais une dizaine de dollars et je savais travailler le hule, un métier de plus, mais que faire à Terra Bianca ?

A la tienda, en buvant un verre de cana [52], je causai avec le patron qui me dit qu'avec un dollar, j'irai à Santa-Lucrezia. En effet, à 2 h, je pris mon train dans un pullman plein de débris de pétrole et je réussis à aller jusqu'à Runcan Antonio à 250 km de Tehuantepetl environ. Il est inutile de vous dire que j'avais emporté la peau de tejane et la température ardent, je commençais à sentir un peu fort. Ayant le temps, je la fis cuire au soleil et la passai au sapame, une écorce rouge qui tanne et savonne. Je couchai dans un appentis de la Estacion [53] et le lendemain, je partis pour Tehuantepetl.

Trois ou quatre jours après, après une marche en forêt, grande forêt très agréable, fraîche et silencieuse, je débouche soudain sur un défrichement énorme,

---

[50] Poncho (espagnol américain).
[51] Caoutchouc (espagnol américain).
[52] Liqueur blanche, peut-être de l'anisette.
[53] Gare.

où trois ou quatre caobas[54] et manitobas[55] restaient énormes au milieu d'un kilomètre de cannes à sucre. Je suis arrêté par un individu assis, un blanc, qui en
espagnol terriblement mauvais d'ailleurs m'offre des cigarettes et me demande
si je veux du travail. Right[56], je m'installe, trois dollars par jour, deux dollars de
nourriture à payer, c'était maigre, mais le travail était maigre aussi. On plantait
du socote et on soignait du bétail, une dizaine de vaches avec petits, le reste en
brousse, mais un sale truc, une pompe éreintante qui prenait l'eau au ruisseau
en bas et la montait à 15 m de hauteur. Le ruisseau était splendide, je n'ai jamais
revu cela, des caobas en quantité, tous énormes, trois mètres de diamètre, mais
sur chaque grosse branche, une floraison d'orchidées extraordinaires.

Je restai une huitaine de jours. Une nuit, je suis réveillé par une voix, celle de
l'Allemande. J'ai oublié de vous dire qu'il y avait une femme là-dedans. Je n'ai
jamais su ce que c'était que cette fraulein[57] affreusement prude d'aspect. N'était
pas la femme du type. Ils se disputaient tout le temps, en allemand d'ailleurs. Je
l'avais peu vue.

Donc, j'entends des cris, vers le milieu de la nuit. Je ne comprends d'abord pas,
mais au bout de quelques secondes, complètement réveillé et écoutant, j'entends
son baragouin qui se termine par le mot Tiger, répété plusieurs fois. Couchant
tout habillé, bien entendu en deux secondes je suis debout et dans le couloir avec
ma fameuse carabine, je trouve mon Hongrois — car il était hongrois — et nous
sortons, pointe des pieds, carabine armée et chuchotant quantité de choses sur le
danger, etc. Nous allions au tigre comme Tartarin, sauf l'uniforme.

Nous sommes restés deux heures dehors, sous les étoiles qui rigolaient, avec
cet imbécile derrière moi qui tremblait de peur que ses poules soient toutes man-
gées, et moi, j'avais peur aussi qu'il me foute un coup de son fusil dans le dos.
Finalement, nous sommes allés nous coucher. Les poules dormaient tranquillement. Ce fut épique, comme on disait dans le temps. Le lendemain, des Indiens
me dirent : des tigres, il y en a des quantités ici, mais on les chasse à coups de
machette, ils ne sont pas dangereux.

Cet idiot, trois (?) jours après, en ferrant son cheval qui n'en avait pas besoin,
m'a enfoncé un clou dans la main. Impossible de me servir de mon pouce gauche
pendant plusieurs jours. J'espère que tous les Hongrois ne sont pas aussi bêtes
que celui-là.

Enfin, un matin, nous descendons au terrain de défrichement. On taille toute

---

54 Acajou.
55 Arbres dont nous n'avons pu déterminer l'espèce.
56 Bien.
57 Demoiselle (allemand).

la matinée à coup de machette et à l'heure de manger, il arrive et désigne cinq ou six morceaux de palissandre à remonter. J'en avais deux pour ma part, les deux Indiens les autres. Ces petits arbres, longs de 3 ou 4 m et de 3 à 4 cm de diamètre, pesaient terriblement lourds. En arrivant là-haut, j'étais furieux. Les Indiens, plus fatalistes, étaient calmes. Le patron arrive, je lui demande s'il nous prend pour des mules. Il m'engueule, je suis là pour travailler. All right[58], il me paye, je déjeune et je repars. Il m'accompagne, à cause de la rivière, dit-il.

En effet, 2 km plus loin, un torrent de 20 m de large, sans pont, au moins 8 nœuds de courant. Je passe, grâce à lui d'ailleurs. Nous nous quittons et il me débarrasse. J'avais le temps, je fus coucher dans un patelin quelconque. Deux jours après, j'étais à Tehuantepetl.

Ah! la belle ville! Que de soleil! Que de soleil! Que de charognes! Enfin, j'y ai trouvé du travail. Je coupais du caoutchouc pour trois dollars par jour. La bande de hule se coupe en tiro pour éviter les fermentations. Cela sent très mauvais et c'est très désagréable à faire. J'ai d'ailleurs fait de tout en ce pays-là. J'ai charrié le maïs, j'ai encore été mécanicien et j'ai fabriqué des briques en adobé. J'y suis resté un peu plus d'un mois, peut-être deux.

Un soir, j'entrai dans une tienda près d'où j'habitais. Je fis connaissance avec le patron qui parlait très bien le français, encore un qui devait avoir un petit péché sur son livre. En tout cas, ce bonhomme de soixante ans était drôle, très vivant et s'ennuyait. Il avait des histoires en quantité. Ah! si vous mettais cela à mon compte, j'aurais presque plus d'aventures que tous les cinémas réunis. Entre autres, toute une légende sur les pierres qui portent bonheur ou malheur et que l'on trouve dans les tletetl[59] de la Sierra Juares. Ces pierres percées pour faire des colliers, ont été enterrées avec le porteur. Quelquefois, on y trouve de l'or.

Merveille. Mais que d'autres histoires trop longues à vous conter. Seulement voilà, il y avait une femme dans ce coin-là, encore une femme. Je n'ai jamais eu que des inconvénients avec cet animal étrange. J'avais toujours cru autrefois que la femme était complémentaire à l'homme et qu'elle pouvait tout comme moi avoir envie de coucher. Mais ce n'est pas cela qu'elle veut, c'est quelque chose d'extraordinaire. Elle ne veut que ce que vous ne pouvez pas donner.

Celle-ci, fort charmante, les quinze premiers jours, j'allais le soir et nous passions la soirée en buvant un peu de gin ou de whisky, et vers onze heures, je rentrais me coucher. Un soir, elle vint me conduire. Bien entendu, je la ramenai chez elle. Plusieurs fois de suite, nous fîmes ce manège qui devint très vite

---

[58] Très bien.
[59] Mot indien dont nous n'avons pu déterminer le sens.

sentimental et un soir, je lui proposai la terminaison logique, peut-être un peu brutalement :

— Vous savez comment on fait cajanes[60] ?

Elle jura en espagnol, bien entendu, et moi, en français probablement, mais je retirai la main et elle s'en fut très vite. Je suis rentré chez moi perplexe. Il y a quinze ans de cela et je n'ai pas compris. Il est vrai qu'il y en a d'autres dans le même genre et je ne comprends pas plus.

Quelques jours après, la situation était intenable chez le vieux. Comme je laissai mon check au store, je devais avoir une petite somme chez mon patron. Je préparai une autre route. Je repartis donc avec quelques hardes de plus et quelques dollars, une quinzaine environ. J'allais à Oaxaca pour voir les ruines de Mitta. Quelle idée ? Je ne sais. J'avais vu des photos superbes au Pacific Railways et j'étais emballé.

Je n'ai jamais pu y aller. Je suivais le Camino real, autrement dit le chemin royal (une route épatante), chemin de bêtes dans le socote, plein de boue, de cactus et d'araignées noires, grosses, le double de mon pouce. On les dit très dangereuses, je n'ai jamais eu d'histoires avec elles, bien moins qu'avec les femmes. Si vous ne leur faites rien, elles ne s'occupent pas de vous.

Il n'y avait qu'à marcher. Je marchais sans fin, pendant près de deux mois, sans bien savoir si j'étais en chemin. D'ailleurs, je ne savais plus très bien où j'allais. Je crois bien que je cherchais le bout de la vie, tout simplement.

Un soir, j'ai trouvé des « sauvages ». On m'avait prévenu : êtres féroces, froidement méchants, sans aucune civilisation, etc., vous connaissez. Ils étaient une demi douzaine, nus, quelques rubans comme du raphia autour du cou et des poignets. Je tenais ma carabine, prêt à flanquer mes onze balles éléphant dans ces animaux sales. Ils sortaient d'un marais quelconque, mais ces gens m'eurent l'air d'avoir aussi peur que moi. J'en pris un courage inouï, au point de les appeler, en espagnol. Nous causâmes, moi grand seigneur, eux esclaves (tout au moins, je les voyais tels). Les pauvres, ils parlaient encore plus mauvais espagnol que moi, mais enfin je compris à peu près ceci : Toi, homme, bienvenue chez nous. Si tu veux rester ici, il y a place, nous avons maison pour étrangers.

Déjà rassuré par leur crainte, mais méfiant comme tout blanc qui a conscience de sa supériorité sur ces sauvages, je les suivis. On m'indiqua une case et mon interprète m'y installa. On me débarrassa de tout mon attirail et les filles vinrent

---

[60] Aucun dictionnaire ne nous a fourni la signification de ce terme, mais le contexte permet de le déterminer sans peine comme « la terminaison logique » quoique brutale du « manège » en question.

me nettoyer les pieds, ah! pas les laver, non, gratter sous les ongles en cas de pénétration des petits insectes très désagréables, très courants en ce pays et qui vous passent la gangrène en huit jours.

Ayant remis mes bottes, je parcourus le village, vingt huttes, très misérables gens, nus, femmes, hommes et enfants, tout ce monde grouillant et plutôt émerveillé de me voir. Je restai et en trois jours j'étais conquis par la sauvagerie, mais toujours ma supériorité judéo-latine m'a empêché de voir le vrai fond de ces gens que je trouvais si misérables. Je suis resté là assez longtemps. J'allais chasser avec ma carabine à éléphants, on mangeait du cochon sauvage tous les jours et des pintades. J'avais deux filles qui me faisaient ma cuisine et mon lit tous les jours.

Mais je suis parti. Pourquoi? Ils manquaient certainement d'élévation d'esprit et de conversation. On disait bien deux mots par jour. Ils avaient une particularité, les hommes tout au moins: sitôt arrêtés, ils se pelotaient les couilles, mais revenu chez des gens sains et normaux, j'ai constaté le même fait, mais cela se fait dans la poche du pantalon. Autre particularité: ne connaissent pas la pédérastie et l'ont même en horreur. Si on leur en parle, malgré les nombreux témoignages qu'en donnent les espagnols et les curés mexicains, j'ai tout lieu de croire que cette pratique a été apportée par lesdits espagnols et curés, car j'ai trouvé la même mentalité chez le nègre africain où les administrateurs et autres leur ont apporté cette preuve de haute civilisation. Mon boy à Dédougou qui me dit:

—Toi, bon blanc (il paraît que c'est rare), toi savoir pourquoi Commandant interdire tam-tam à pauvre Noir et coucher avec petit boy.

Moi, bon blanc, j'ai pas pu répondre. Peut-être pourrez-vous m'expliquer cela. Avec la «Science», on explique tout. Je pourrai peut-être répondre la prochaine fois.

Enfin, je suis parti de là. J'étais heureux, mais l'auto, la machine à vapeur ou électrique me manquaient, c'est si beau et cela donne une si haute idée de notre culture, à nous, fils de Dieu! Je repris le Camino real avec ses escaliers de lave et ses araignées. Un jour, je me suis perdu en plein socote, ah! mon vieux[61], je n'étais pas fier. Pas même de quoi faire du feu. J'étais fou. J'étais à 500 m de ma route. J'avais une carabine qui tirait à 1 500 m et j'ai eu une peur d'enfant. Toute ma supériorité s'était sauvée.

Enfin un peu de calme m'est revenu et en trouvant un rio sec, je pensais qu'il devait me ramener à ma route, en effet d'ailleurs, mais à moitié chemin, en

---

[61] Ce vocatif s'adresse manifestement, ici comme plus loin, à l'interlocuteur inconnu auquel ce récit est dédié. Bien qu'il soit impossible de préciser davantage, on peut penser qu'il se soit agi de Mino Edrei ou de Jean Mitarachi.

travers, couché de tout son long, c'est-à-dire 2,50 à 3 m, un serpent noir, gros comme mon bras, complètement immobile. Il digérait. Je voyais son estomac, gros comme ma cuisse et son œil qui roulait en me fixant. Je crois qu'il avait très peur aussi lui. Je n'osais sauter, je n'osais le tuer, je n'osais le tourner. Ma sacrée carabine m'embarrassait. J'avais bien mon machette, mais je pouvais le rater avec toutes les brindilles qui étaient au-dessus de lui. Enfin, je suis resté un bon quart d'heure en face, puis soudain, j'ai tourné autour, le machette à la main, prêt à le couper comme j'avais vu faire à un indien dans le nord. Il n'a d'ailleurs pas bougé et j'ai retrouvé ma route.

Ce soir-là, j'ai couché avec trois bonshommes, tout comme moi, chercheurs de cette liberté si difficile à trouver : quand on l'a, ce n'est pas encore ça. Tous quatre autour du feu, cousant à la ficelle soit chaussures, soit vêtements, ou nettoyant les pieds pendant que les chaussures sèchent. Dans un trunk à pétrole, le dîner cuit. Ce que c'était, je ne m'en souviens guère, probablement cette espèce de truffe énorme qui a une chair comme le manioc, très farineuse.

Ces soirées-là sont courtes sous les grands caobas, dans le silence, éclairés par le feu. On cause, chacun a toujours une histoire, soit la sienne, soit une imaginée, ce qui est rare, soit surtout celles qu'il a entendu conter. Vous connaissez celle de l'Eldorado, mais il y en a des milliers, toutes d'ailleurs semblables. Si ce n'est ce soir-là, ce fut un autre, mais j'ai dormi auprès d'un type de quarante ans qui cherchait dans toute la sierra, depuis trois ans, la grotte extraordinaire où, par hasard il avait couché une nuit. Cette grotte, d'après lui, était pleine d'or et d'argent, une sorte de dépôt qui contenait des milliards.

Ceci est le prototype. Toutes partent de ce point-là. Ici, dans ces coins si tranquilles (?), tout bien organisés, vous ne pouvez vous rendre compte de cela. Là-bas, tous y croient. Je l'ai cru, et sans l'avouer, on cherche un trou noir où entrer. Ces nuits délicieuse où on rêve de montagnes d'or, les pieds au feu qui crépite et dans le silence coupé de chutes lourdes de branches ou même d'arbres, de cris comme des soupirs et cette espèce de murmure indéfinissable qui sort du noir.

Le lendemain, on refait le paquet et on repart. Malheureusement, les chaussures s'usent vite. J'étais pieds nus, sans mes empeignes, avec ma peau demi tannée de téjane, je m'enveloppai les deux pieds, le tout ficelé avec avec des fibres du Hene Kuen et je continuais la marche ahurissante. Entraîné comme je l'étais, je ne fatiguai plus, mais c'était les repas. Ah! la chasse avec ma carabine à éléphant, c'est très beau la chasse, mais à Rambouillet avec des rabatteurs : c'est une merveille, mais en brousse, je vous conseille d'essayer. Il y a du gibier en quantité, mais c'est très curieux, il est aussi intelligent que le fils de Dieu. On l'entend, mais pour le voir, c'est impossible. Alors quand j'étais seul, je bouffais mes truffes fades, sans sel ni piment, quelquefois avec des feuilles de cactus ou un peu de cacao, mais c'est fastidieux. Très heureux quand on peut trouver des cannes à sucre…

Un jour, je couchais chez des Indiens, toujours aussi charmants et comme j'étais arrivé d'assez bonne heure, je me promenais dans les entours : je tombai en arrêt, je venais d'apercevoir un trou noir. J'y étais : de l'or… En dix secondes, je me vis rentrer à Vera-Cruz, l'ahurissement de Huede et de Colombier, leur payant à boire et à dîner, la rentrée en France triomphale et tout ce qui peut venir dans ces cas. A coup de machette, je me fis un chemin et je trouvai une dizaine de marches, s'enfonçant sous terre ou plutôt sous une butte de terre toute recouverte de brousse. Je fis un flambeau de brousse et je descendis.

Du sable, sans une élévation. Noire. Du sable partout, très fin. Au fond, une table genre dolmen, en lave ou pierre noire. Dans le mur, sur un côté à droite, je crois me rappeler, il y avait deux espèces de colonnes en pierre noire. J'ai remué le plus que j'ai pu, mais rien, pas même un dollar. J'étais désappointé. Je fis cinquante fois le tour, j'ai tapé partout : pas une pierre ne sonnait le creux, j'ai eu beau faire, rien.

En retrouvant mes Indiens, j'ai questionné. On m'a répondu : Acatanatiulh, ce qui, si je ne me trompe veut dire : Seigneur des rayons lumineux. Cependant, ce n'était pas un temple, j'y suis retourné le lendemain, mais la même absence de tout, il n'y avait rien comme or. C'était ma première désillusion. Dans ce genre, j'en ai eu d'autres, car après je cherchais et j'en ai trouvé, mais seule une fois : j'ai ramassé dans une assiette cassée en faïence rouge (faïence ou terre, pour moi c'est la même chose), une trentaine de pierres grises verdâtres qui devaient faire un collier. Je les ai prises, les croyant en verre. Je n'y attachais aucune importance, mais souvenir… Et puis toutes étaient percées, alors qui sait, peut-être un jour je les monterai et les donnerai à une femme. Et puis ce n'était pas encombrant et j'avais trouvé quelque chose.

Vous voyez, mon vieux, on cherche de l'or, on trouve des cailloux en pâte de verre. Ah ! quelle vie ! Voilà, il faut tout connaître : c'était des émeraudes, j'en avais une dizaine, grosses comme mon pouce, je n'exagère pas. Je les ai ramenées en France. Un jour de purée, on me dit : c'est peut-être des émeraudes. Je les soumets à un joailler en Suisse qui me dit :

—Ce sont des émeraudes, mais elles sont étoilées (?)…(On m'a dit depuis que ce terme n'existait pas, que ce devait être givrées) et qu'il me les prendrait à dix francs pièce.

Ma foi, je les ai gardées. Elles ont traîné avec moi en Suisse, en Italie, en Corse et après la guerre, un antiquaire me dit :

— Des émeraudes givrées, mais elles le sont toutes ; ça vaut six cents francs le carat, vous en avez pour cher.

J'ai passé huit jours en rêve. Elles étaient chez ma tante[62], on ne les a jamais retrouvées. Tout comme moi, elle ignorait leur valeur et les a abandonnées dans un déménagement quelconque. C'est chic, les gens qui ont de la veine. C'est comme cela, il n'y a rien à faire. On vit quand même.

Enfin, à force de marcher, je suis tombé dans un rassemblement d'une cinquantaine d'individus qui creusaient et dégageaient des ardoises argentifères. J'ai travaillé là huit jours, mais il a fallu repartir et quelques jours après j'arrivai à San Bernardino Canta. Deux ou trois choses me poursuivent partout et partout elles me font partir. Que faire ? Je rentrai à la Vera-Cruz où je recommençai les errances en cette ville asphaltée.

Au bout d'une quinzaine, lassé de cette crevaison de faim, j'allai, décidé à reprendre le collier des esclaves, voir le Consul de cette vieille France, faire amende honorable et faire ma soumission. J'étais déserteur d'un pêcheur caboteur de Saint-Nazaire où j'étais embarqué comme matelot[63]. Pourquoi ai-je dit au Consul, un très brave type, que j'étais déserteur d'un trois-mâts à voiles où j'étais premier Lieutenant et que j'avais lâché mon bateau à Aucan ? Tout ça, c'est des bêtises, mais ça fait bien vis-à-vis de ces idiots de représentants officiels et ils s'occupent de vous. Je savais que comme matelot, il me donnerait un dollar et me rapatrierait ; comme lieutenant, il me mettrait à l'hôtel en attendant le bateau et je rentrerai en troisième classe, c'était toujours ça de pris, c'est-à-dire un mois de tranquille avant la prison.

Chausson fut charmant. Il me connaissait de vue, de nom et de mentalité. Il avait des espions, quoi, et pourtant j'étais isolé, je n'aurai jamais cru pouvoir intéresser la France à ce point. Il me mit à l'hôtel en effet. C'est bon de manger, mon vieux, de manger régulièrement avec une serviette et un domestique qui vous sert. On me donna des chaussures, des yankees à bouts pointillés. J'avais une chambre, un lit, des draps, enfin la fête, quoi.

Un jour, je le rencontre. Il me dit très sérieusement :

— Venez me voir cet après-midi sans faute.

La Navarre était annoncée pour une dizaine de jours plus tard. Ce n'était pas au sujet du départ. Je cherchais ce qu'il pouvait me vouloir.

A deux heures, il m'attendait. Il me dit :

---

[62] La comtesse de Saint-Germain, que Le Scouëzec appelait sa tante.
[63] Ce que Le Scouëzec ne dit pas ici, c'est surtout qu'il était en état d'insoumission vis-à-vis de l'armée.

—On vient de me dire que vous venez de Tehuantepetl. Vous aviez donc de l'argent pour prendre le train ?

Alors je lui contai mon voyage en quelques mots. Il me répondit :

—C'est justement pour cela que je vous ai appelé. Voulez-vous aller chercher du caoutchouc vierge chez les Indiens ? De Loyano de Carmen, j'ai un Français qui veut vous aider.

Entre nous, méfiez-vous des gens qui veulent vous rendre service, surtout quand ils sont français. Quelle belle chose que les sentiments philanthropiques. C'est curieux que chaque fois que j'ai eu affaire aux Français, ces gens-là m'ont fait du grand sentiment. Sans parler de la dernière guerre : Devoir, honneur, liberté, etc. Et après, j'ai toujours vu que j'étais bien roulé. C'est drôle comme pour un pays de liberté, ils ne peuvent comprendre la liberté des autres. Et dire que Rimbaud a compris cela à quinze ans. Il m'a fallu vingt-cinq ans d'expériences successives pour me rendre compte que pour vivre avec eux, il faut voler, tromper, etc. On m'avait bien appris cela au collège, j'avais bien vu un tas de saletés, mais sous leur splendide hypocrisie, je n'avais compris qu'une chose, je devais être bête.

Je suis lent, très lent à comprendre, mais quand cela y est, je vous jure que c'est profond. Il n'y a pas plus de cinq ans que j'ai compris que je n'avais rien à voir, soi-disant français, avec cette race d'esclaves, lâches et bassement commerçants qui ne sont qu'un vague mélange de Gaulois dominés par les Juifs et les Latins. Ne criez pas, mon cher, vous regarderez et vous verrez bien que chez ces gens-là, vous êtes tous esclaves de ce Christ imbécile, pauvre tapette sans force ni idées. Celles qu'il a pu avoir proviennent d'ailleurs. Il est juif, vous ne pouvez supposer même une seconde qu'il ait pu avoir une idée par lui-même. Quant à la forme physique de votre organisation, elle est gréco-romaine. Vous êtes abrutis par ces grands types d'Eschyle et Sophocle et les autres, revus et commercialisés, mis pour ainsi dire à la portée de tout le monde par les Romains. Spartacus a gagné la bataille, il a mis deux mille ans, mais cela y est.

Bah ! les nuits de brousse sont magnifiques sous la lune, à travers les feuilles, tous ces mille petits et gros bruits de la vie intense dans le cercle de lumière qui fait son trou dans le noir. On rêve bien et on trouve des solutions à un tas de problèmes qu'on ne trouverait pas à Paris, ah ! chère brute imbécile.

Enfin, avec un contrat en bonne et due forme, je repartis, lesté d'un carnet de check au nom de mon propriétaire, puisque j'étais la propriété de cet imbécile. Il s'appelait Henrique Beer, avait une grosse maison où on achetait de tout. On y employait surtout des hommes, comme tout patron qui se respecte et on les volait tant que l'on pouvait. Et dire que cet animal se prétend supérieur aux autres :

plus je vais, moins je comprends. Je pense que c'est à cause de ce que m'a dit un de ces êtres supérieurs : toute la grandeur de l'homme est de ce qu'il marche debout, bois sans soif et fais l'amour en toute saison. Pauvre bête ! Celui-là était agent de je ne sais quelle publicité.

Enfin, je partis sur des régions un peu plus sauvages, d'après ce qu'il me disait que je devais trouver des Indiens très doux, mais en quantité, mais pas de routes et pas un village avant S. Andrès Tuxtla, c'est-à-dire 200 km d'Alvarado. Jusqu'à Alvarado, voyage de plaisir tranquille. Je l'avais déjà fait six mois avant, j'avais même travaillé comme peintre à la Papaloapam Compagnie, comme peintre. Enfin, je pris une pirogue qui me passa de l'autre côté du fleuve et lesté d'un bifteck, je pris la route du jonc et terre molle à demi inondée. J'étais sous des arbres immenses formant une allée comme celle de Versailles[64]. C'était plus haut, voilà tout. J'avais cent dollars, du papier, je n'avais plus de carabine : n'ayant pas rencontré d'éléphant, je l'avais changée contre un colt de 30 cm et cent cartouches. J'avais cette énorme chose attachée à la ceinture qui me tapait les cuisses tantôt devant, tantôt derrière. Une couverture me servait de sac à dos.

Je marchai une heure environ et j'arrivai au bout du chemin. Il n'y avait plus que de l'eau et au travers d'icelle, je voyais le chemin continuer. J'entrai, j'oubliais que ces marais sont pourris de petits crocodiles, de gros lézards affreusement gênants, pas extrêmement dangereux si on reste debout, mais s'il y a faux pas, ils peuvent le devenir.

Je marchai ainsi toute la journée, tantôt de l'eau jusqu'au ventre et même un peu plus, puisque mon sac était trempé, mais le plus souvent jusqu'à mi-cuisses. Dans la soirée, la lagune était coupée par un îlot de 500 m, une maison et un hangar en bois et quatre individus dînant. On me regarde sortir de l'eau comme un hippopotame, et questions sur questions. Jamais on ne passe par là, drôle d'idée, enfin c'est encore un de mes travers —inconvénient— : ne jamais rien demander. J'avais pris cette route sans me renseigner. Mes gens étaient étonnés que j'aie pu arriver jusque-là. J'avais d'ailleurs gagné deux jours de marche sur Sandris, mais j'avais encore deux jours de marais à faire, mais moins profond, disaient-ils.

Je n'ai jamais bien compris comment je ne me suis pas perdu là-dedans, sans parler des trous. Je suis bien tombé trois ou quatre fois dans l'eau, mais sans ac-

---

[64] Une allée du parc de Versailles avait fortement marqué l'adolescence de Le Scouëzec qui s'efforça de la représenter avec exactitude pendant son voyage sur l'Ernest-Siegfried (Cf. *Le Horn*, suivi du *Journal écrit à bord de l'Ernest-Siegfried*, arbredor.com, 2005).

cident grave. Une fois, j'ai été obligé de vider mon Colt sur ces gros lézards qui devenaient très embêtants.

Ces gens-là avaient besoin d'un mécanicien, mais voilà, je n'y connaissais rien ou si peu. Je n'eus pas le culot de leur dire que je l'étais. J'aurais pu gagner quelques dollars. Bah! pourquoi faire, après tout? Enfin, je fus me coucher. Avez-vous jamais dormi mouillé en pays chaud : on dort et le lendemain, on est sec. Ici on aurait des rhumatismes, là-bas, on n'a même pas de courbature.

Le lendemain, je couchais chez deux bons vieux métis qui avaient un peu peur de moi ou plutôt de mon colt. Je dis chez eux, non, sous leur auvent qu'ils avaient construit derrière leur cabane. Le lendemain, le soleil me réveillait et me réchauffait. J'étais gelé le matin. J'avais déjà la mauvaise habitude de coucher avec du feu. Je repartis et commençai à chercher les Indiens. Quand j'en parlais, on me répondait : par là, et toujours par là. Enfin, le lendemain, comme me l'avaient dit les types, dans l'après-midi, je quittai la lagune et ses lézards.

Première chose, je tombai sur une bande de pintades dans lesquelles je fourrai deux coups de colt et j'en tuai une. Quelques pas plus loin, je trouve des goyaves. Si douceâtre que ce soit, c'était neuf, un changement. En faisant cuire ma pintade, je tapais dans l'arbre et je ne laissai rien de cette bête. Vous voyez, on ne manque pas d'appétit, en vadrouille. J'allais me coucher, quand un métis s'arrête près de mon feu et cause. Naufragé? Non. Explications. Alors, invitations à aller chez lui.

Nous partons. J'arrive une demi-heure après dans une plantation de café, canne à sucre et bananes. Toute une famille. Je demande : les Indiens? On me dit : loin, très loin. Je suis resté deux ou trois jours. Ces gens-là ne voulaient plus que je parte. Au fond, voyez-vous, quand l'homme vit de choses de son travail direct, il n'est jamais méchant, au contraire. Le méchant, le féroce est l'esclave, à quelque degré que vous le trouviez. L'esclave millionnaire est pis encore. Plus il est riche, plus il est esclave, plus il est féroce. C'est logique d'ailleurs : le chien attaché est toujours méchant, comme le taureau, comme l'homme.

Quelle idée ai-je eu de revenir! Je crevais de faim et d'esclavage. J'ai voulu peinture. Ah! oui, on naît peintre, on ne le devient pas : c'était l'appât. Je suis pris dans leur souricière et je ne peux être un peintre. Quel idiot, hein? J'aurais pu continuer longtemps à vivre ainsi d'air, de liberté, comme un animal. Je suis devenu un raté qui vit comme il vivait en brousse, ni plus ni moins. Si, moins la liberté. Je suis reparti, désert de socote, de temps à autre quelques vaches et taureaux qui se sauvent, quelques buissons d'arbres ou toujours des caobas, le seul que je connaisse de nom.

Deux ou trois jours après, je couche à la « Cuesta del Credo », près de San Andrès. Je couche dans du tabac. Changement. Je passe San Andrès, rien de bien, extraordinaire, ville habituelle, 2000 habitants, maisons en bois, tiendas nombreuses pour boire l'anizado ou la cana. Je couche au bord d'une lagune chez un métis de français épatant. M'indique les Indiens à proximité, deux ou trois jours de marche, me charge d'une vingtaine de paquets de cigarettes et je repars pour, cette fois, recommencer à coucher dehors avec mon feu.

Tous les soirs, établir le petit campement, brûler ce que l'on a coupé à coups de machette, balayer les cendres au milieu et faire son dîner là-dessus. Faire son dîner quand on l'a, car souvent on ne trouve rien dans cette course, quelques chochos, espèce de dattes huileuses qui donnent une amande comme la noix de coco ou des coyottes. Impossible de trouver des truffes par là. Enfin, j'ai dû manger tout de même, puisque je suis là.

Mais les idées n'étaient pas roses, sans situation, comme aurait dit ma mère, sans espoir, sans sécurité. Je vivais au hasard, quelquefois le noir de la brousse vous semble la fin de tout. Ce devait être les soirs de mal au foie, comme ceux de maintenant, mais c'est tout pareil. Je n'ai pas plus de situation, ce qui ne me manque pas. Je vois des quantités de lumières rouges, bleues, vertes, blanches, des réclames parisiennes et rien derrière. Je n'ai jamais pu penser à demain. Comme autrefois, c'est le vide devant. La peinture n'a pas donné plus que le reste. J'ai vécu et je voudrais vivre. J'ai l'impression d'être comme les pauvres oies destinées au foie gras qu'on a enfermé dans la boîte et moralement crevé les yeux.

Faudra-t-il donc tout abandonner et partir à nouveau ? Si j'allais mourir là-bas, peut-être vendrait-on ma peinture et Ouagadougou[65] en vivrait. Mais j'en ai marre. Comme Mistinguett, je deviens aussi tante que tout ce qui m'entoure.

Je couche un soir dans une série de basses sablonneuses, à peine couvertes d'une herbe piquante, très dure et bleue, d'un bleu fin magnifique — de socotes toujours et de cactus énormes couverts de voctlis, que je dévorai bien entendu. On s'en fatigue vite, c'est trop fade. Une nuit magnifique. Je retrouvai des truffes dont je fis mon dîner, je dormis comme un fils de Dieu sur ce lit délicat, mais le lendemain, impossible de trouver la route dans le sable qui s'accentuait. Les herbes disparaissaient et les buttes devenaient plus hautes. Le soleil montait et la soif se faisait sentir. Vaguement je comprenais que j'entrais dans un désert et

---

[65] Le nom de Ouagadougou, capitale de la Haute-Volta (aujourd'hui Burkina-Faso) que Le Scouëzec devait visiter pour la première fois en 1925, avait alors séduit l'artiste qui avait décidé de le donner comme prénom à son premier enfant. Malheureusement, celui-ci devait naître mort, à terme, le 25 janvier 1928. La mention qui en est faite ici date donc de la grossesse de sa mère et permet de dater le présent texte de 1927.

que je n'étais pas prêt pour cela. Je me jetai à gauche : depuis un moment j'entendais un roulement continu que je connaissais bien. Là-bas il devait y avoir de l'eau. Je mis longtemps pour y arriver. Les dunes coupaient la route et ma manie de ne pas connaître les obstacles, de passer par dessus, j'arrivai à la mer, suant, soufflant, haleine perdue.

Il y en avait de l'eau, mais pas une goutte d'eau douce, la mer brisante sur le sable doux et rien autre. Je repars. J'avais dans ma poche trois ou quatre boulettes de hule, j'en mâchai une, mais c'est très bon quand on a la bouche fraîche, mais comme ça il n'y a pas grand soulagement.

Je suis passé à côté d'un champ de manioc, je n'y ai même pas touché et n'ai même pas eu l'idée qu'un champ exige des cultivateurs. Donc il devait y avoir des Indiens assez près. Enfin, je marchai jusqu'au soir sous cet imbécile de soleil qui se foutait de moi. A un moment sur une bande de sable, j'ai trouvé une centaine de pélicans. Cela m'a redonné de la salive. Si j'en tirais un, je pourrais boire. J'ai vidé mon colt. Ils se foutaient de moi, les chameaux.

Je suis reparti comme eux, suivant la plage. Enfin, j'ai trouvé avant la nuit une source. Quelle source ! Un peu d'humidité qui sortait du sable et tombait goutte à goutte à raison de six par minute, c'était quelque chose ! J'ai couché là sans dîner, j'avais de l'eau. A minuit, mon chapeau était plein. Je suppose minuit : j'avais dormi déjà d'un sommeil épouvantable, cauchemars effroyables, mais instinctivement, je me réveillais pour boire.

Le lendemain, il ne faisait pas jour que je partais en vitesse, vous vous en doutez. Quelle était la longueur de cette absence d'eau, personne ne m'avait parlé de cela. Il ne devait pas être très long ce désert. Je marchai toute la journée comme la veille, sans une goutte d'eau, même pas l'illusion des pélicans, avec cette mer brisante auprès, qui surexcite la soif, ce soleil qui n'avait jamais été si chaud, et le sable qui lui aussi s'en mettait. Il était si fin, je faisais un trou chaque fois, il collait d'ailleurs. Ah ! mon vieux ! cette marche folle, une course. J'avais soif, j'avais peur. Peur est un mot, mais j'étais en face d'une chose que je ne connaissais pas. On m'avait parlé des tigres, je n'avais jamais entendu parler d'avoir soif. Et cela continuait toujours, toujours… Ce sable violet…

Tout à coup, l'idée me vint que cet Henrique Beer et ce consul de France avaient prévu tout cela, ces salops-là, c'est pour cela qu'ils m'ont envoyé ici. J'ai regardé mon revolver et tout le temps j'ai marché, le tenant à la main. Puis ma mère est venue et me disant de son air lamentablement latin :

—C'est bien, je t'avais prévenu, on ne quitte pas sa mère ; tu lui dois tout.

J'ai répondu oui, je lui ai répondu. Nous avons discuté la chose. Je discutais âprement avec le soleil et toujours revenait cette excuse : c'est la faute à Chausson et à H. Beer, ce sont ces deux salops-là qui m'ont fait le coup. Et puis non, c'était autre chose.

Enfin, à la nuit tombante, harassé… J'ai dû faire 50 km sans me rendre compte, j'ai marché une douzaine d'heures sans arrêt, avec cette brûlure des mains, de la tête, brûlure partout, on flambe, la peau piquante comme si on était écrasé dans du sel. La nuit, Beer revint avec Chausson et ma mère me réveiller vingt fois. Une fois, je vis des coyotes qui me guettaient. Je me levai précipitamment et tirai dans le tas. Y en avait-il ? Je les ai vus, leurs petits yeux roussâtres, mais qui sait ? J'ai bien vu ma mère sur la plage, alors !

Enfin, le matin arriva, morne, gris, abattu. Partir en traînant. Après des efforts sans nom, j'ai réussi à remettre mon sac sur mon dos et revolver à la main, j'ai repris tête basse et lentement, m'arrêtant tous les kilomètres et l'idée que j'avais, c'était Lulu, mais elle était coyote. Je la retrouvai au milieu des autres, elle était un tout petit coyote et me montrait les dents, ces toutes petites dents si aiguës. Ah ! la vache, elle ne disait rien, elle souriait. A côté, il y avait le proviseur. Lui aussi ne disait rien, mais je savais bien ce qu'ils voulaient et d'autres aussi, un tas de gens que j'ai connus et naturellement tous des vaches. Ce saligaud de Chocolat y est venu aussi, mais tous ces gens-là étaient coyotes. Je voyais très bien leurs poils, leurs petits corps, fins et robustes, mais je savais bien que c'était eux[66]. Comment ?

Toujours est-il que vers le soir, le cercle était presque complet, que j'avais soif. Je faisais semblant de ne pas les voir, alors ils se rapprochaient. A un moment je flanquai un ou deux coups de revolver là-dedans. C'est Lulu qui l'a attrapé, la balle lui a écorché le nez et déchiré le dos. Elle a ri, la garce, mais ri comme les hyènes dans la nuit. Je ne sais pas si je me suis assis ou si je suis tombé, mais j'étais sur le sable et je caressais Lulu qui me mordait les doigts. Nous étions seuls, la mer déferlait toujours tout doucement sur le sable violet, mais il faisait presque nuit.

Après une pause, légère ou longue, Santan ! je vis des arbres. Loin, loin, dans le sable, il y avait des arbres. L'idée des arbres, de l'eau, de la vie, les a tous foutus loin, très loin. Je suis parti, j'ai marché longtemps, mais vite, toute la force était revenue, le feu s'en allait et je marchais. Les arbres se rapprochaient, je baissais la tête pour ne pas les voir.

Tout a une fin. Il y avait une rivière, vingt mètres de large, une belle rivière

---

[66] Lulu — nous ne lui connaissons pas d'autre nom —, c'est l'amie de juillet 1905, celle que Le Scouëzec a sans doute le plus aimé (et dont il a aussi le plus souffert). Le proviseur, c'est celui du Lycée Hoche à Versailles. Quant à Chocolat, c'est le surnom donné par les matelots au Second de l'Emile-Renouf, de son vrai nom Louit.

noire avec de la bonne eau douce, peut-être saumâtre, je ne m'en suis pas aperçu. J'ai couru plus d'un kilomètre. Essoufflé, ne pouvant boire, j'avais la tête dans la rivière, je m'étranglais, toussais, éternuais, avalant une gorgée entre temps. Je n'entendais même pas un individu dans une pirogue, de l'autre côté, qui hurlait : Cocodrilos, Cocodrillos [67]. J'avais bien autre chose à faire. Enfin, assis, je contemplais l'eau noire, si bonne, et je vis cet indien, près de moi, qui me disait que j'étais fou : la rivière est pleine de crocodiles.

J'expliquai mon cas. Il rit, il rit très fort même et m'expliqua que je m'étais trompé. Il y a de l'eau tout le long du chemin, mais en effet pas par la mer.

— Avez-vous vu des épaves ?

Cela l'intéressait beaucoup. J'avais rien vu que les coyotes. Il rit encore :

— Il n'y en pas par ici, m'a-t-il répondu.

Il me traversa et je couchai sous la véranda de son patron, une sorte de gorille très doux, chasseur de crocodiles, lézards et d'autres animaux en ce genre. Je mangeai une omelette et des tortillas. J'eus des cigarettes. Tout cela pour vingt centavos. Et dire qu'avec tous mes dollars, j'avais failli crever pour m'être trompé de chemin. A quoi donc sert d'être fils de Dieu ?

Quel repas, mon vieux ! J'ai dormi, dormi comme une souche et le matin vers 8 h ou plus tôt, j'ai repris la route, mais sous une allée merveilleuse, un conte de fées, de l'eau partout, des fleurs même sur toutes les branches, des lianes, la grande forêt, quoi, puis soudain un défrichement, deux Indiens, un Européen. C'est un Américain, brave type. M'invite à déjeuner et je passe une entière journée en ballade avec lui au milieu des cannes à sucre et des défrichements.

Je couche chez lui dans un lit, mais voilà, au déshabillage, mes pauvres vêtements tombaient tout raccommodés de ficelles. Cela tient sur vous, mais déshabillé, cela tombe en loques. Je couchai rhabillé auprès de mon lit de peur de le salir. Le lendemain, il a bien ri d'ailleurs et m'a donné un pantalon à lui, sa mulâtresse m'a reprisé mon paletot et je suis reparti après déjeuner, faraud et tout neuf, bien reposé. Quelques kilomètres et je couche en forêt.

Et toujours continuation de cette même route, toujours marcher et trouver à manger tous les deux ou trois jours. J'arrivai un soir dans un défrichement de tabac, une grande case en bois avec véranda. Homme charmant, métis. Nous dînons et bien entendu, je parle hule. Il en a, mais sur pied. Je prends à un dollar le pied. Je couche et je pars le lendemain avec lui voir ses terres d'exploitation, les poches pleines de cigares et à deux heures de là, je m'installe au milieu de mes arbres. Mon métis m'envoie deux Indiens parlant espagnol pour deux dollars par

---

[67] Crocodiles (espagnol).

jour et ils apportent avec eux une dizaine de trunks de pétrole. Et nous construisons le hangar à gomme, une case auprès, le tout fini le lendemain. Les claies dans le hangar nous ont donné beaucoup de mal.

Alors, on s'est mis à la taille à coups de machette. Il a fallu faire les V de saignées. On installait à la pointe un récipient, généralement noix de coco, amarrée avec des fibres de lianes ou soutenue par une fourche. Mais voilà, il fallait pénétrer sous les arbres, c'était plein de brousse, une sorte de ricin très droit, très beau d'ailleurs, mais moins agréable au toucher. Ils appelaient cela du chichicate. Quelle saleté! On coupait ça à coup de machette, mais forcément on y touchait. A chaque contact, dix ou quinze piqûres comme l'ortie, mais cent fois plus fort. Après cela, il vient une sorte de petit bouton qui suppure pendant un mois et démange affreusement. J'en avais plein les bras. Mes Indiens, eux, prenaient des précautions. Ils la connaissaient.

Il y avait des daturas en quantité et du socote, l'herbe-rasoir. Enfin quelques jours après, tout installé, j'eus ma première récolte : deux trunks de vingt litres de latte, ici vous dites latex, mais alors il faut prendre une sorte de liseron qu'ils appellent achmale. On écrase cela dans ses mains et on broie le tout dans le jus blanc. On laisse macérer une demi-heure, on retire l'achmalé et le lendemain, on a un gâteau de hule. Seulement, on a aussi les bras couverts de petites boules de hule qui se sont fixées sur les poils et les arrachent au moindre contact avec la chemise ou un paletot. C'est désagréable et même douloureux.

J'ai tué ainsi une centaine d'arbres à 15 à 20 kg de hule chaque. Vous voyez d'ici. Cela dura un mois environ. Ah! si j'avais été à mon compte! Idiot, quoi. J'ai dû faire plus d'une tonne et demi de hule, tout ça pour 250 dollars. Il n'y a rien perdu le nommé Beer.

Tout partait par cent kilos. Enfin c'était fini le contrat. Épuisé, je repartis. Mon métis fut plus gentil que tout ce que j'ai jamais rencontré. Il est vrai que je lui ai donné cent dollars qui lui tombaient du ciel. D'après lui, je ne devais plus rencontrer d'Indiens jusqu'à Minatitlan qui était à deux ou trois jours de marche. A nouveau lesté de furros [68], je m'enfonçai dans le bois. J'ai dû me perdre. J'ai mis huit jours pour arriver au chemin de fer Coatzacalco-Tehuantepetl. J'étais à une vingtaine de kilomètres au-dessous de Minatitlan.

Comme je n'avais rien à y faire de spécial, je traversai la ligne du ferrocaril et je continuai tout droit. Je trouvai quelques cases, une tienda et un store [69].

_____

[68] Sans doute argent, sous.
[69] Boutique (anglais).

49

Voyant Store, je pensais trouver un Gringo[70], ce qui m'eût été sympathique. C'était un indien pur. Un verre de cana. Conversation. Sa fille m'avait vu. Cinq minutes après, dix indios parlant un idiome hoquetant, étaient autour de moi, d'ailleurs très gentils, mais quelles difficultés pour se faire comprendre ! Enfin, on me montre une chambre et en même temps on tombe en admiration sur mon colt. Je leur laisse et j'entre dans « ma » chambre. Un lit de camp et un porte-manteau. Je m'asseois sur le lit. Un coup de feu, je suis inondé de terre et la balle rebondissant vient tomber au milieu de la chambre. Les autres arrivent. Excuses. Ils sont affolés : l'un d'eux en maniant mon revolver a failli tuer quelqu'un, moi le premier. Enfin rien de cassé.

Nous dînons : « Mallé de guajalote », feuilles de cactus au piment. Étant donné le Mallé, c'était que l'on me fêtait. C'est excellent, mais ils ne font ce plat qu'en fête. Je reste trois jours. Si je les avais écoutés, j'y serais encore. j'aurai mieux fait d'ailleurs. C'est curieux comme ces gens-là en général sont heureux d'avoir des étrangers. J'étais chez les Popalucos. C'était déjà des Iwatèques, parlant cette langue étrange pleine de hoquets, dure, qui est peut-être celle des Toltèques. Eux, en tout cas, sont très doux, semblant même vivre à égalité entre eux. Je dis semblant, je ne suis pas resté assez longtemps avec eux.

Après départ, la route de nouveau, pareil sentier étroit de terre glaise. Ici, à découvert et sous les arbres une pâte molle. Deux ou trois jours ainsi, tantôt dans le socote, tantôt dans les arbres à pendeloques (racines tombantes des branches). Coucher le soir au pied d'un arbre ou chez un indien quelconque.

Enfin, je retrouve la lagune, la grande lagune de Carmen, mais là, impossible de passer à pied. Il y a presque deux mètres d'eau et là, de vrais crocodiles qui ont presque deux et même, dit-on, trois mètres de long. En pirogue, le long du bord, où il y a un peu de marée dans la vase, j'ai mis plus de quinze jours. Après le reste, mon vieux, sur Palenque et Tinasique, ce fut toujours à peu près la même chose et comme ce sont des aventures que vous voulez, il n'y en a pas plus qu'avant. Toujours cette uniformité énervante.

Quand je suis rentré à la Vera-Cruz, en bateau de pêche jusqu'à Coatsacalco et de là en chemin de fer, j'avais quelques 300 dollars de fortune. C'est quelque chose. D'ailleurs, je trouvai une femme. Drôle : j'avais de l'argent, j'ai trouvé une femme, comme cela se rencontre. Je n'en ai d'ailleurs trouvé que dans ces conditions. Ah ! l'amour ! J'ai tort, j'en ai eu une avant qui raquait. J'étais à Rochefort, dans des conditions un peu spéciales et dans un bordel. Il y avait une veuve qui fut à ma disposition. J'avais cent sous ou dix francs et je couchais à partir de mi-

---

[70] Yankee, Américain du nord.

nuit. Elle n'était pas très jeune, mais moi, je l'étais et je la crevais sérieusement. On doit donc en amour, soit donner, soit recevoir, pas de milieu…

Enfin, avec Helena, nous bouffâmes assez rapidement les quelques sous et de nouveau la mâle purée nous étreignit (remarquez ce français très châtié). Là encore le sieur Chausson m'adressa à un français déserteur du Génie comme Captain. Je n'ai jamais su là non plus ce qu'il y avait de vrai, cela importe si peu. Ah! le Chef! Enfin, il était chef du service des phares et me fit entrer en la marine de guerre avec un faux que je signai froidement de mon faux nom. Total : deux faux, sans compter que Chausson a certifié là-dessus que j'étais officier déserteur du commerce français.

Enfin, huit jours après, à ne rien foutre, j'étais adjudant de marine, embarqué comme chef voilier sur un trois-mât-barque en bois, une vieille baille à batterie. C'était rigolo, on avait l'impression de vivre au temps de Surcouf. Au pied de chaque mât, il y avait des caliornes à triple rouet, grosses comme un homme. On déverguait et démâtait une fois par semaine. Je vérifiais et remettais en état les voiles, ou il n'y avait rien à faire. Tout cela dans un uniforme noir magnifique.

Je couchais à terre. A 5 h, je prenais la baleinière de service — avec un ou deux adjudants métis. Naturellement, en ma qualité de blanc, j'avais tous les honneurs. On m'attendait, j'avais les tire-veilles, le tapis rouge et une fois assis en cul, je criais :

— Pare largo… Adelante[71].

Les huit avirons ensemble dans l'eau, le gaffeur déborde sur l'avant et «Avant partout». J'ai jamais su dire tout ça en espagnol, mais ils étaient plus intelligents que moi. Au bout de huit jours, ils avaient compris.

Ah! quel temps! Au quai, les avirons levés, comme en France pour les officiers généraux ou amiraux. J'étais heureux, j'y croyais à toutes ces conneries. Elle, là-haut, attendait, toute fière d'avoir un homme si respecté. Le second-maître nous faisait un salut dont elle prenait sa part et nous partions à l'alameda[72] nous promener, elle dans une robe blanche, grande comme une crinoline, qui crissait sur sa peau noirâtre (?). Non, elle était ce qu'ils appellent prieta, c'est-à-dire quart de sang, ce n'est pas très noir. Elle serait furieuse si elle lisait ça.

Enfin, cela dura trois mois, bonne vie. Je crois bien que j'ai engraissé sous mes galons. Seulement, je n'ai jamais rien compris dans la marine américaine. J'avais des officiers sous mes ordres et j'étais sous les ordres d'un adjudant, et j'étais chef de service.

---

[71] Paré, larguez… En avant !
[72] Promenade.

Enfin, il y avait cet adjudant. Une ou deux fois, je l'avais envoyé paître, parce qu'il s'occupait de mes voiliers et je prétendais que cela ne le regardait pas. Enfin, un jour, il devint insolent, il m'envoya à la Chiugada con su madre[73]. Nous nous sommes battus comme deux chiens pour un os. Je dois dire qu'il tapait dur, le nègre — car il était noir —, mais il en a reçu aussi et il a cédé le premier et est allé trouver le Commandante qui deux jours après, m'a mis marché en mains : ou le conseil de guerre ou démission.

J'ai démissionné, je n'aime pas les gendarmes. J'aurais probablement eu quinze jours de mise à pied, mais comme d'autre part, mon titre de lieutenant au commerce français était faux, je risquais, à l'arrivée des pièces de France, d'être balancé aussi bien. Tout était donc pour le mieux dans le meilleur des mondes.

Helena pleura beaucoup, surtout qu'elle avait un bébé en train de se faire.

---

[73] Il m'envoya faire foutre (mais plus grossièrement encore).

PHOTOS-CARTES POSTALES ENVOYÉES DU MEXIQUE

1er Mai[74], de l'Hacienda San Manuel Halpa.

Envoie-moi le caoutchouc le plus vite possible. Nous sommes en pleine saison des pluies et il me rendra de grands services.

En visite à San Manuel, promenade ayant pour but d'aller boire du café. L'homme au chien est « don José » et le chien est mien « Tiemjo ».

1er Mai, de San Sebastian Tothilco.

Tsi Gaï-Macouël / Tchicouë Matlatlaney Tachllihuil. Le 3 mai de la 13e année du lapin.

Il y a aussi l'année du Rayon de soleil, celle du Silex et celle de la Maison. Ce sont seulement des périodes de 13 années. Chaque période de 52 ans ou 13 lapins, 13 maisons, 13 rayons et 13 silex sont un cocyo. La première de toutes s'appelle colatl, scorpion et toutes les autres ont d'autres noms dans le même genre. Tous les deux ou trois jours, je vais à Tlaxcalla la capitale consulter à la Bibliothèque les documents mexicanos et petit à petit, j'apprends cette langue qui est réellement très intéressante, mais très difficile.

---

[74] 1909.

LA PRISON

Entré sur le territoire français au poste frontière de Betholi, à Hendaye, le 4 mai 1910, Maurice Le Scouëzec, déclaré insoumis onze mois plus tôt, fut immédiatement arrêté par les gendarmes et conduit dès le 7 à Paris où il fut incarcéré à la prison militaire du 144ème Régiment d'Infanterie Coloniale. Condamné le 9 juin à six mois de prison, il fut transféré, ainsi qu'il le dit dans le texte à suivre, rue de Pessac où il purgea sa peine. Il dut être libéré le 4 novembre et incorporé dans un régiment d'infanterie de marine pour y commencer le temps d'engagement dont il était toujours redevable à l'armée.

Les seuls renseignements que nous ayons sur cette période de sa vie sont ceux qui nous viennent de l'extrait de son Journal que nous publions ici, écrit sans doute vers 1931, et ce texte est malheureusement, comme beaucoup d'autres, resté inachevé. Son auteur n'a même pas achevé l'histoire, apparemment tragique, du jeune matelot arrêté pour vol. Mais ces lignes suffisent à exprimer toute l'horreur que l'artiste ressentait pour la prison et toute la rancœur que ce séjour avait ajouté en lui aux autres révoltes.

Ces réflexions ont été rédigées sur papier à lettres de La Coupole.

GLS

LA PRISON

J'ai eu, il y a quelques jours, une histoire idiote, soi-disant atroce, sur des choses d'il y a deux ou trois cents ans. Très drôle, je ne peux comprendre qu'ils intéressent quelqu'un avec ces bêtises. Je ne suis pas du tout dans les formes nécessaires pour écrire quoi que ce soit, mais il y a des choses plus atroces de nos jours, mais plus voilées. Notre hypocrisie habituelle met tant de fleurs autour de tout cela. On nous parle du bagne, des prisons, mais tous ces gens-là font de la littérature, c'est beaucoup moins terrible et bien plus, tout ensemble.

Quand je suis entré en prison, je voyais cela comme un déshonneur, comme une dégradation. Ce fut dur. Je savais bien que je n'étais pas grand-chose, mais j'avais à ce moment-là encore cette illusion que dans notre France bien-aimée, même n'ayant pas le sou, on était un homme. En trois jours cette folie m'est sortie de la tête et n'y rentrera jamais. Nous étions une vingtaine rue de Pessac, une petite prison gentille, calme et sans accent, une petite cour entourée de murs de sept mètres, au fond une chapelle servant d'atelier et attenant, les cellules en deux étages superposés et desservies par un balcon circulaire.

Les murs blanchis à la chaux et au-dessus, une verrière. De chaque côté s'ouvrent les cellules 2,50 m sur 2,50 m : un bas flanc, une paillasse, un sac à viande et une couverture, en face le seau à glissoire, c'est tout le mobilier. Les premiers jours, cette régularité de vie est abrutissante, mais une fois l'habitude prise, c'est assez agréable, on a son temps à soi pour penser. Sauf quand il faut se procurer les ingrédients nécessaires pour l'extra du tôlier. L'extra est le ton de perlot et le friand. Avec ça, tout est complet. Six mois de cette vie, on est revenu à l'état sauvage à peu près absolu.

Huit jours après mon entrée, j'ai vu la descente en cellule d'un matelot qui avait été pris au télégraphe. Bah ! quatre jours, c'est vite passé. Il n'y a plus de promenade, on est tout à fait séparé des autres avec une sortie, une soupe par jour et la ration de pain. Huit jours de ce régime, on perd 10 kg. J'y suis descendu trois ou quatre fois pour des motifs extrêmement futiles. On sort de là avec une rancœur effroyable et une haine indéracinable. Un matin, on nous a amené un copain, un matelot rigolo, très gai, très enfant. Il passait au falot pour une histoire de vol, une bêtise. C'était probablement deux mois de prison.

Jusque-là, mes rapports avec la chiourme n'avaient pas été mauvais. J'étais

56

même de ce fait assez mal vu des copains. Ils étaient trois inférieurs, pas trop vaches, un même était un brave homme, et au-dessus un chef, puis comme directeur un adjudant. Le chef était une vache féroce, un Corse qui avait un règlement en place de cœur. Quant à l'adjudant, je ne l'ai jamais vu. Il paraît qu'il était idiot.

Donc le matelot était entré, nous étions à la promenade. Or ce type était d'une famille vivant au Mexique d'où je venais. De ce fait, nous avons fait plus sérieusement connaissance. Quelques jours après, il n'y avait pas de travail — dans ce cas, on nous laissait en cellule avec Fantomas et deux ou trois bouquins de même acabit que nous dévorions d'ailleurs —, je lisais allongé de tout mon long, quand le cric-crac terrifiant de la porte qui s'ouvre brusquement, surveillance du chiourme qui veut vous prendre à fumer ou à on ne sait quelle inconnue prévue par le règlement. Le règlement prévoit tout.

Après une visite sommaire, il sort et reprend sa promenade silencieuse de mouchard.

1916
À VERDUN

Le 21 février 1916, à sept heures un quart du matin, l'artillerie allemande avait commencé à déverser des tonnes d'obus sur les positions françaises de Verdun. C'était le début de l'une des plus grandes batailles de l'histoire. A 3 h de la nuit, le 24, le 3ème Régiment de Tirailleurs Algériens qui faisait route vers la Côte du Poivre et se trouvait déjà au sud de cette position reçut un contre-ordre qui lui enjoignait de gagner au plus vite la Côte du Talou pour soutenir le front qui s'effondrait à Samogneux et au Bois des Caures.

On contourna Vacherauville sous la canonnade et l'on monta le chemin de Champneuville. A 5 h, la troupe était en place sur la crête du Talou. Le Scouëzec, agent de liaison, est au Poste de Commandement près du point culminant. Les bombardements ne cessent pas. Des fuyards arrivent de Samogneux où la défense est totalement désorganisée.

A 16 h, l'ennemi sortit du ravin de la Côtelette et attaqua les tranchées du 3ème RTA. A cette heure précise, un sous-officier envoya Maurice Le Scouëzec à Bras-sur-Meuse prévenir la Brigade (et le colonel qui s'y trouvait) d'une part sans doute de l'attaque allemande et d'autre part de l'exécution difficile des ordres récemment reçus. L'agent de liaison revint à la nuit tombée. Le Journal de marche du régiment rapporte qu'à 23 h 30 parvint l'ordre de reprendre position et de tenir coûte que coûte : c'était probablement le message que Maurice Le Scouëzec avait rapporté de Bras-sur-Meuse.

Le premier des deux textes que nous publions raconte cette aventure qui le mena de la Côte du Talou au siège de la Brigade et le retour sous les bombes, le long du canal.

A 1 h du matin le 25, les positions étaient reprises. Les obus ne cessaient de pleuvoir. A partir de midi, cela s'intensifia encore, puis des patrouilles allemandes apparurent et un début d'attaque. Le Colonel de Gouvello arriva à 13 h et repartit à 1 h, selon le Journal de Marche, à 15 h 30 selon Le Scouëzec, qui fut alors envoyé par le caporal chargé des liaisons auprès du Capitaine Gilbert, en ligne, à 500 m de là.

Officiellement, à 16 h, « l'attaque ennemie bat son plein ». On apprend à 17 h 30 que les Allemands ont pris Louvemont et l'ordre vient de la Brigade de décrocher et de se porter sur la crête qui va de Bras à Fleury et Douaumont. Un tel mouvement est contraire à la résistance ordonnée sans exceptions. Sans doute émane-t-il du Général qui fut ensuite relevé de son commandement et menacé de Conseil de Guerre par Foch.

L'ordre fut exécuté. Mais Le Scouëzec apporte ici, dans le second de nos textes, deux éléments nouveaux : le repli était vraisemblablement déjà prévu dès 15 h 30 et devait être signalé par une fusée, mais surtout lorsque l'agent de liaison arriva en ligne, disons vers 15 h 45 au plus tard, il n'y avait plus personne : les compagnies de première ligne avaient décroché.

Fait intéressant qui corrobore bien les dires de Le Scouëzec, une petite note manuscrite au crayon, portée parmi d'autres sur l'exemplaire du Journal de Marche qui se trouve aux Archives de la Guerre, de la main d'un inconnu qui paraît avoir bien connu les faits et les rectifie en plusieurs endroits : quand le détachement de Champneuville, revenant vers l'arrière, arrivera à Vacherauville, il n'y trouvera plus personne (pas plus évidemment qu'il n'en avait trouvé en passant à la Côte du Talou).

Maurice Le Scouëzec, s'échappant du no man's land, s'en ira seul en direction de Verdun. Il dut rejoindre son régiment à Bras. A 23 h, le Corps se trouvait rassemblé entre Bras et Fleury et recevait l'ordre de se replier sur Belleville.

L'on peut dater ces deux récits des années 1925-1930, à l'époque où, en général, l'artiste recueillait par écrit quelques-uns de ces souvenirs.

VERDUN 1916

I — Côte du Talou, 24 février 1916

Il était déjà quatre heures environ, à voir au soleil, quand cet idiot de sous-off' m'envoya porter je ne sais quel ordre au Renseignement de la brigade. En terminant, il me dit :

— Descendez par la route, le barrage est sur la Meuse. Vous serez tranquille.

Je pris donc par là, sur une route pas trop mauvaise, sauf la neige. Il faisait environ 8 à 10 degrés au-dessous, mais beau temps. Je rêvais à toutes sortes de choses, d'ailleurs n'ayant aucun rapport avec les conneries que j'étais obligé de faire, sous prétexte de devoir (envers quoi ?).

En bas du Talou, il y avait trois chevaux, dont un le ventre en l'air, tué quelques heures avant. Devant moi, tout était blanc, sauf Vacherauville qui faisait une tache noire. La nuit vint, et à force de marcher, on fait beaucoup de chemin, je repensais à mes matelots[75] et à mes amours[76]. Enfin, j'arrivai à Bras, la Brigade.

Admiration. Le secrétaire, très fier d'ailleurs de leur installation, me montrait tous leurs papelards bien rangés en tas dans un coin. Il faisait tiède là-dedans, on avait du feu. Sur une table immense, une sorte de méli-mélo de tout ce que l'on peut rêver : deux ou trois montres, des litres entamés, des papiers surtout, des buvards. Les trois secrétaires d'État-Major très chics, en uniformes un peu fantaisistes, souriaient et prétendirent n'avoir rien à manger non plus depuis quatre jours, sauf graisse d'oie, cornichons et un bout de pain dur comme du bois, que l'on m'offrit d'ailleurs. J'avalai tout ça sans même sentir le goût. Là dessus on me passa un quart de mirabelle, rien à voir avec la saleté gouvernementale et remis, réchauffé, j'attendis en causant de la situation. Tout ce monde très optimiste et sans souci, pas plus que moi d'ailleurs.

---

[75] Cette sentence faisait partie du jeu du Seigneur du Foutreau, que Le Scouëzec apprit des marins sur l'Emile-Renouf (Cf. *Le Horn*, suivi du *Journal écrit à bord de l'Ernest-Siegfried*, arbredor.com, 2005).

[76] L'allusion vise probablement Lulu : « Il y a treize ans, j'étais affolé, courant tout Paris à la poursuite d'une femme », écrit Le Scouëzec dans son *Journal* à la date du 14 juillet 1918.

Enfin, on m'appela. Gouvello[77], gentil, me demanda des nouvelles et un tas de tuyaux que je ne pouvais lui donner et finalement me donna un papier à transmettre au commandant, me conseilla de prendre la Meuse, comme moins dangereuse, le barrage ayant repris sur Froide Terre et Douaumont et devant se rabattre par ici. Je devais avoir le temps d'arriver à la côte du Talou avant. Les secrétaires nous donnèrent un quart de jus avant de partir.

En effet, alors, bien lesté, je remontai à la lune. Parti de l'abri cimenté (c'était la maison du maire de Bras qui servait), je retrouvai la neige, la terre gelée. Je pris à gauche et vingt mètres plus loin, je me pris dans du fil de fer, fils téléphoniques ou télégraphiques. J'étais fourré là-dedans, avec impossibilité de me dégager. D'autre part, le coin sinistre, noir et blanc, qui donnait un gris terne, se mélangeant avec le ciel. J'entendais quelques sifflements qui passaient derrière ou très loin, mais enfin, pas tant que ça.

J'étais seul, perdu, abandonné de tout, pas même une lumière. Je fus pris d'une peur sans nom et sans raison. Peut-être est-ce elle qui m'a aidé, enfin je me retrouvai libre, je courus jusqu'au canal et je me remis. J'allumai une cigarette et, calme maintenant, je suivis le chemin de halage. Le barrage s'était arrêté. De temps à autre, un long sifflement désespéré, puis le sourd éclatement d'un 150 et de nouveau le silence, la neige, la rivière noire à gauche. J'étais bien. La situation me semblait maintenant acceptable. La lune, au premier quartier, apparaissait par moments. Enfin cela devenait une promenade. J'avais chaud de ma marche rapide, j'étais bien.

J'arrivai à Vacherauville. Trois ou quatre chalands sur la gauche, dont un brûlait sans grandes flammes, trois ou quatre foyers faisaient comme des bougies et au bout des chalands un barrage noir : c'était le remblai du pont du canal. Je jetai ma trois ou quatrième cigarette et je montai le remblai. Ici, c'était dangereux, les ponts étaient repérés et comme tous les chemins, c'étaient des casse-gueule, mais plus fixes. Je traversai rapidement et redescendis, mais les marches pleines de boue gelée faisaient dos d'âne. Je glissai à la troisième quatrième marche. Je partis en avant plus vite pour rétablir l'équilibre, mais entraîné par mon poids, mes pieds roulant sur les marches rondes, je descendis je ne sais comment les vingt-cinq marches. En bas, ne pouvant me rétablir, je butai en plus et de toute ma longueur, j'allai tomber sur un mulet mort. Je heurtai du menton le bât et quelques instants je restai ahuri.

Mais vite je repris conscience et tout de même je me mis debout, la tête vide. Il me fallut me repérer, c'était simple, mais j'étais idiotisé. Lentement, je repartis.

---

[77] Le lieutenant-colonel de Gouvello, qui commandait le 3e RTA.

Voulant aller plus fort, je me répétais : « Mauvais ici, va donc, idiot, va donc ». Je pris un peu d'eau et me lavant la figure, je me remis et cette fois, je pus marcher. Je fis trois mètres peut-être et devant moi, je vis rouge, vert, bleu, jaune, etc. Ai-je compris ? Je n'en sais rien. Il y avait devant moi, à vingt mètres, un chaland vide sur le noir canal. Dans toute cette lumière, c'était la seule chose noire. A droite, la rangée des arbres, de grands peupliers. Immédiatement, je pensai que j'allais me foutre dans l'eau et je me précipitai sur un tronc énorme que j'encerclai. Les lumières s'éteignirent, je me sentis fouetté d'une multitude de saletés et de terre. Il en venait de partout, depuis les jambes jusqu'à la tête, puis plus rien. Je n'ai rien entendu, mais rien du tout.

Alors je me décrochai et vite, ayant peur à nouveau, je sentais mon isolement, ce noir et ma peur me reprit. J'étais au chaland, j'entends l'eau remuer et une voix qui me dit :

—Eh ! vieux ! donne un coup de main, sors-moi de là, je suis dans l'eau… Aide-moi, vieux, j'ai les jambes en marmelade… Eh ! vieux ! viens.

Cette voix lamentable, c'était quelqu'un. Il était contre le chaland. Alors, avec mille précautions, j'ai craqué une allumette. Le seul souvenir que j'ai, c'est les deux jambes broyées, les pieds étaient talons en haut et des cuisses demi-nues. Je vis des petites vrilles de sang qui s'en allaient et bruissaient, frémissaient dans l'eau. Je le tirai à terre et lui fourrai une bonne gorgée de mirabelle. Et je me sauvai, un peu plus émotionné, quand cinquante mètres plus loin, je butai, jurant comme un diable. Cela réveilla deux ou trois blessés qui m'enguirlandèrent copieusement, en demandant secours, bien entendu. Je perdis complètement la tête et, courant, je pris à travers champs, je ne sais combien de temps, mais pas loin certainement. Dans la terre labourée et gelée, on ne va pas vite. Alors lamentablement, je ralentis, soufflant un peu, quand, face à moi, un point lumineux : c'était le commandant inquiet qui, ayant quatre agents de liaison dehors, nous indiquait où il était. Ma terreur s'éteignit immédiatement et allumant une cigarette, je rentrai au QG.

II — Côte du Talou, 25 février 1916

A trois heures, le Colonel remonte dans l'auto et je l'entends dire au Capitaine M. et au Commandant :

—Alors, entendu, à la fusée rouge, sinon une blanche.

Et l'auto part, les emmenant à Bras.

A ce moment, j'eus la sensation qu'il se passait quelque chose d'extraordinaire, sans comprendre[78]. C'était simple, d'un seul coup, on n'entendait plus rien, pas un obus, pas un sifflement, pas un coup de fusil, rien.

Trois heures et demie, le Colonel monte en auto et repart à Bras. A ce moment, le cabot m'appelle :

— C'est ton tour. Allez, monte au Capitaine Gilbert, donne-lui ça.

Bah ! une ballade dans la neige d'un kilomètre aller et retour. Le barrage étant sur Vacherauville, j'allais en ligne, donc épatant. Chez nous, tout était calme. Les gros et demi-gros éclataient en bas. Je montais tranquillement la côte par les fils téléphoniques, sans comprendre d'ailleurs pourquoi on m'envoyait là-haut, mais à 200 m plus loin, je compris : il n'y avait plus de fils, la terre était retournée de marmites et quelque chose de très embêtant, elle était parsemée de cylindres polis que je savais être des 88, terribles machines d'une fragilité exceptionnelle. Sans d'ailleurs chercher à comprendre pourquoi ceux-ci n'avaient pas éclaté, les évitant, montant, descendant les trous, j'arrivai à l'entrée du boyau où il n'y avait personne. Etonné d'abord, je suivis le trou creusé : quelques fusils, des cartouches, pas un mort, ni blessé.

J'allai jusqu'à moitié route de Champneuville, puis rentrai au poste du Capitaine. Je m'arrêtai, il n'y avait rien dedans sauf une vieille paire de chaussures d'ordonnance, une bougie sur la table et des bouteilles vides. Au fond un vague matelas et deux ou trois couvertures. Je sortis et avant de rentrer au poste du Commandant, je regardai la plaine. Neige, traînée de taches noires, le ciel gris de neige qui tombait depuis un moment. C'était désolé, sauvage, extraordinaire.

Je repris mon boyau à l'envers, allant rendre compte suivant l'usage en haut de la côte. J'allumai une cigarette dans un trou et assis à terre, je rêvais en renvoyant la fumée. Soudain, un point rouge au-dessus de Bras et le point monta, monta, puis, très haut, il eut un arrêt et redescendit et comme une étoile filante, il disparut. J'étais déjà inquiet du silence, mais ça… Je partis et quand je fus aux premières tentes des tirailleurs de soutien, je me rappelai les mots du Colon : « La fusée rouge, sinon une blanche », mais qu'est-ce que ça voulait dire ?

J'ai toujours cherché à comprendre. Très mauvais pour un soldat, mais j'ai cette manie. Alors, sans comprendre, je suis arrivé à la route et vingt mètres plus loin, les toiles de tentes du Colonel voltigeaient gentiment. Enchanté d'être rentré au logis (?), j'y allai. Mais tout de même un étonnement de ma part, il n'y avait personne. Tout à l'heure, il y avait toujours une dizaine de types hors les abris, soit parce que mal installés, soit parce que service, mais là, rien. Notre abri

---

[78] C'était évidemment le signal convenu pour le décrochement.

en planches était là à droite, face au Colonel. J'étais étonné, mais rien de plus. Quand je levai la tente pour entrer, il n'y avait personne.

Alors, je fouillai partout, les autres tentes : rien, j'étais seul. Seul, abandonné. Ils étaient partis. Où ? Pas un renseignement. J'allai m'asseoir. A mon canard, dans la sacoche il y avait un peu de tabac mélangé de cartouches à revolver. Je pris le tout et me remémorant l'attaque du ravin de la Cotelette de la veille, je pensai que j'avais peut-être le temps de ne pas être pris puisqu'ils avaient à peine une heure ou deux d'avance. Tout en pensant à ce que j'allais faire, je fouillai partout, je trouvai un autre revolver chargé et je pris la route.

Je n'allais pas vite. Où aller ? Fuir le nord et le nord-est, aller sur Verdun était le plus sûr. D'abord ce n'était peut-être pas encore fermé et de plus, il y avait des autorités où je me rendais, n'étant pas déserteur. Soudain une ombre en face. Je me collai à terre en vitesse et revolver à la main, j'attends. Le pauvre type ne m'avait pas vu, mais si c'était un Allemand, il n'était pas fier de sa conquête. Fusil au dos, casque de travers, il me semblait très embarrassé de lui-même, regardait à droite et à gauche, ne sachant s'il devait avancer ou reculer. Lentement, il arrivait à ma hauteur, quand je surgis devant lui, revolver au poing. Il eut un cri et un recul, puis reconnaissant la chéchia, nous nous prîmes à rire. Je le reconnaissais, l'ayant vu : c'était un téléphoniste[79].

---

[79] Le Scouëzec n'a jamais continué ce texte. L'on peut seulement imaginer qu'avec le téléphoniste, il retrouva son régiment et échappa à l'étrange solitude de l'homme, abandonné et perdu dans un désert peuplé de milliers de morts et de vivants.

JOURNAL 1917

Depuis juillet 1916, la guerre est terminée pour Maurice Le Scouëzec. Évacué définitivement du front pour goutte et douleurs vésiculaires, il est bientôt atteint de congestion pulmonaire et de phlébite. Au mois de février précédent, il a été légèrement blessé à la jambe, sans être soigné : il en souffrira toute sa vie, une plaie variqueuse s'étant installée par la suite sur le lieu de la blessure. Pour l'instant, il va traîner d'hôpital en hôpital, avant même d'être reconnu porteur, en 1917, d'une tuberculose imputable au service.

Dès le mois d'août de cette année 1917, il est proposé pour la réforme n° 1, qu'il finira par obtenir le 21 avril 1918. Cette décision mettra un point final à une carrière militaire tumultueuse et à des années de révolte. Elle lui permettra en outre de percevoir une petite pension de combattant qui lui sera d'une grande utilité pour poursuivre sa vie d'artiste.

Les deux premiers des textes qui suivent ont été écrits sur papier à lettres de la Brasserie Lutetia à Paris. A cette époque, en mars 1917, Le Scouëzec est toujours en soins dans les hôpitaux militaires d'Aix, mais il se rend de temps en temps pour contrôle au Service de Santé de la Place de Paris. Nous savons qu'il consulta quelques mois plus tard à l'hôpital Laënnec. La proximité du Lutetia, au carrefour de Sèvres-Babylone et de ce centre hospitalier situé rue de Sèvres, laisserait à penser qu'il s'y rendit dès le mois de mars.

Le troisième texte nous vient d'Aix : il est, de ce fait difficile à dater entre février et novembre 1917. Quant au quatrième, écrit à Marseille, au moment même où Le Scouëzec part définitivement pour Paris, il serait à porter à cette dernière date, quoiqu'il soit difficile de déterminer exactement le jour de ce voyage. Pour cette même raison, nous ne pouvons préciser la ville, Aix ou Paris ?, où fut rédigé le 17 octobre 1917 le court billet concernant la mort de Mata-Hari, cinquième et dernière note de ce recueil. Tout ce que nous savons c'est que le 4 octobre, il fit le portrait de Madame de Saint-Germain, et ce très probablement dans la capitale provençale.

Depuis le début de l'année 1917 en effet, il dessine et peint. Il est reparti pour une carrière dans laquelle il ne s'arrêtera plus. Si nous n'avons que des jalons sur son cheminement artistique entre 1900 et 1916, y compris pour la période qui dut être riche de 1912-1914, en revanche à partir de janvier 1917, nous pouvons suivre sans discontinuité à la fois le déroulement de son existence et l'épanouissement progressif de son art. C'est en août 1918 qu'il rencontrera Mathilde Merle et à partir de là, tous les documents et la connaissance de l'œuvre nous ont été conservés.

L'année 1917 marque le tournant majeur à tous égards. Désormais Le Scouëzec a pris pied à part entière dans le monde de l'art : sa première exposition d'ailleurs, soutenue par Madame de Saint-Germain, a eu lieu à la Galerie Audin à Aix au mois de juin. Et en décembre, au plus tard, il habite à Montparnasse.

Les quelques écrits du Journal de cette année charnière sont les rares témoins de cette mutation qui fit d'un aventurier doué un artiste voyageur. L'épreuve de la guerre est passée par là. Il se pose maintenant des questions sur lui-même, sur son destin, mais aussi sur l'espèce humaine et sans les nommer sur les événements de l'année en Russie. Il reparlera d'ailleurs bien plus tard encore, dans les années 30, du bolchevisme et de son efficacité dans la libération de l'homme, la seule chose qui intéresse fondamentalement Le Scouëzec, la liberté. Nous le retrouverons alors dans son Journal.

GLS

5 Mars 1917

Sentir, penser. Je suis idiot. Qu'y a-t-il donc ? Je me figure parfois que je pense, que je suis et même que je sens. Homme, je suis, homme, je resterai. Quand donc et comment donc arriver à considérer ? Car, comme de la rouille, l'amour commet une folie, la gloire commet néant, et le reste dans le même genre. Faiblesse toujours. Je crois toujours que j'y suis, et chaque fois qu'un compliment, même que je ne sens pas sincère, me vient, je me drape dedans. Ah ! l'orgueil ! Tout est folie quand on croit savoir quelque chose ou sentir quelque chose. Pauvres dessins qui sont sincères et que quelquefois, je crois sentis. Pauvre Moi qui croit encore en moi, quelle folie, quelle ineptie même !

Comment donc ferais-je pour me débarrasser de tout cela ? En quoi il entre beaucoup de lâcheté. Car au fond, je suis lâche comme Tartarin : peut-être est-ce là où est tout le secret de mon amour du soleil de Provence, de cet accent, de tout ce qui est ce midi. Lâche comme fond, car je sais que quand les dernières minutes viendront, que ferai-je ? Je suis à peu près perdu. Cette congestion pulmonaire a touché très profondément. Mais combien de temps, phalène de mon cœur, vais-je comme la petite Barkitscheff, me fourrer dans la noce jusqu'au cou ? Je ne crois pas.

Toute cette folie de dessins et de peintures ne me quitte pas, jusqu'à la dernière minute je travaillerai et cependant sans illusion. Je ne crois pas à leur gloire, je la sens vide, comme leur richesse, comme leur amour. Tout cela est un néant effroyable, mais je n'en peux cependant entièrement partir, puisque je crois en les miens. Leur Dieu me dégoûte et cependant quand ils le consacrent, je baisse la tête par lâcheté, par besoin d'eux.

Alors… quoi ? Ah ! ma tante, ah ! ma mère ! qui croyez me connaître l'une comme l'autre (moi qui ne me connais pas), toutes deux partisans de la forme, vous n'avez vu qu'une forme qui vous a semblé étrange, qui vous a désorienté l'une comme l'autre. Je n'ai eu qu'un courage en ma vie, c'est vouloir être peintre et je ne l'ai été qu'à cette date, c'est-à-dire vers 1912, parce que j'ai tout nié ce qui

69

n'était pas cela[80]. Mais vous n'avez compris ni les désespoirs, ni les folies, ni les affreuses souffrances subies depuis quinze ans. J'ai cru à tout, j'ai cru à l'amour, j'ai cru à l'art, j'ai cru à la gloire, et maintenant l'amour est une crise de nerfs bête, l'art est une saleté et la gloire une autre, mais tout cela comprend un certain nombre d'expériences, c'est-à-dire de souffrances.

Qui les a vues? Qui les a senties? Je suis seul, dans le vide et voilà au moins quatre ou cinq ans de cela. J'ai vécu, je pourrai bien vivre encore ainsi, mais la fatigue est trop grande. Encore un an, peut-être deux ou trois, et ce sera le vrai vide. Que m'importe si j'ai pu travailler et si je travaille encore pendant ces quelques années.

BRASSERIE LUTÉTIA, 27, RUE DE SÈVRES, PARIS

TÉLÉPHONE : SAXE 08-60

Quelles belles choses il voit, puisque la féodalité est passée avec son autocratie, la république bourgeoise se meurt à son tour! Il voit à cela le signe de l'avènement d'une république sociale qui serait belle et grande, et vraiment égale et libre. Il ne se rend pas compte que sous tous ces mots-là, il y a d'abord l'homme et qu'avant de créer toutes ces belles choses, il faut réformer l'homme et en faire autre chose qu'un homme, c'est-à-dire le transformer individuellement en une unité pensante capable de réagir justement contre une autorité envahissante, mais sans envahir elle-même, arriver à créer un droit individuel imprescriptible et inaliénable.

A chaque homme, droit à la liberté, au soleil et à la vie. Tous, mêmes droits de jouissances et de bonheur. Mais nous ne sommes pas prêts à amener chacun à la conscience de ses droits et de ses devoirs. Il faudrait une base solide, or on ne la peut trouver. Tout n'est qu'un mot, et toujours il y a des êtres plus forts qui se dégagent de ces lois factices et augmentent leurs droits de cette force même, en arrivent à se faire passer pour des êtres d'exception (le fameux sang bleu).

Il est donc alors absolument inutile d'essayer l'action sur la masse. Car Elle sera toujours l'inertie, la négation de toute possibilité progressive.

Et puis est-elle elle-même possible, cette progression? J'en doute fort. Mais il y l'autre, la progression individuelle et supra-terrestre qui, elle, doit être et forcément sera.

---

[80] Nous ne connaissons aucune œuvre de cette époque, alors qu'à en croire cette affirmation très claire de Maurice Le Scouëzec, il dut produire à cette époque des œuvres vite dispersées : c'est un élément important qui nous manque pour apprécier son évolution artistique avant 1917.

Par progression supra-terrestre, je n'entends pas vers un idéal divin quelconque, mais vers un état. Tout ce que nous connaissons jusqu'à ces jours, tend à le prouver et là encore, il y a inégalité, puisqu'il n'y a que des êtres d'exception qui arrivent à ces états. Sans attacher une importance excessive à tous ces faits en détail, il reste un groupement important qui paraît prouver que des êtres humains, du fait de leur volonté, ou peut-être d'autre chose? créent des états ou des faits physiquement ou physiologiquement impossibles. Pourquoi d'ailleurs admettre que sur cette terre où nous ne comprenons rien des accidents qui s'y passent, nous puissions comprendre ces invisibles? Pourquoi admettre que l'échelle des êtres s'arrête à nous et ne peut aller plus loin, sous prétexte que nous ne percevons plus. Cela n'est pas. Puisque nous admettons la possibilité d'une chose aussi invisible que l'électricité ou le vent, nous pouvons et devons tout le reste admettre, parce que tout peut être dès l'instant que quelque chose est.

AIX-EN-PROVENCE, GRAND CAFÉ ORIENTAL, FRÉDÉRIC ALLEMAND, 191 .

Il faut être jusqu'au-boutiste, puisque c'est ainsi que cela s'appelle. On croirait lire Gulliver avec ses petits-boutistes et ses gros-boutistes. En fait, en cette guerre, toute la question est de même. Les Allemands veulent couper les œufs par le gros bout et nous par le petit. Il y environ 7 à 8 millions de morts et on continue, tout cela pour un œuf. Et encore, il n'est pas bien sûr que la cause de cette guerre soit aussi importante. Car il est, je crois, moins important que 50 ou 60 millions d'individus payent l'impôt à l'empereur d'Allemagne ou à la République française, que de voir ces 50 ou 60 millions manger mal sous prétexte qu'ils ouvrent leurs œufs par un bout ou par l'autre.

Ce qu'il y a de plus curieux en tout cela, c'est l'enthousiasme et la foi profonde dans lesquels sont plongés les trois-quarts des individus des deux ou trois races en présence. Ils sont aussi convaincus de la vérité de leur doctrine, les uns comme les autres. Tous croient que quand ils auront vaincu l'adversaire, ils seront plus forts, plus grands.

MARSEILLE, GRAND CAFÉ GLACIER, 191 .

Encore Marseille. Peut-être même n'est-ce pas la dernière fois que j'y passe. Ce départ sur Paris me semble un peu comme une en-allée vers l'azur de Mallarmé[81]. Aurais-je beaucoup d'oiseaux ? Mais je quitte soleil, lumière, une possibilité de réforme, mais que vais-je trouver ? Qu'importe ? Je le verrai bien.

Quelle foule bête, énorme de bêtise et de crasse. Cela grouille devant moi comme des vers sur une charogne. J'ai l'impression d'inciser un abcès et de voir avec des yeux microscopant les innombrables phagocytoses. La Canebière est une véritable purulence de toutes couleurs. Leucocytes, phagocytes et polynucléaires ondoient avec des amibes et des bactéries[82]. Huit serbes en kaki, du galon rouge, vert, kaki sur l'épaule, montent et descendent, étalant leur uniforme de théâtre. Des femmes, les seins tombants, baladeurs, sous le corsage mince qu'ils forcent de leurs crêtes. Que de rides ! Que de fatigue en ces figures jaunes sur ce fond violet et ce mouvement continu a quelque chose d'endormant. Je vis dans un rêve jaune et violet, sans heurt, mais sans plaisir. Trois jours ainsi doivent être fous. Paris est moins enfiévré que cela.

Maintenant je suis à Corbeil où seul le ronflement des moulins résonne. Une cloche de temps en temps.

17 OCTOBRE 1917

Mata-Hari est morte, ils l'ont fusillée. Ils ont probablement voulu avoir leur...[83]. Quelle belle chose que de tuer ! Au fond, je suis idiot, quelle importance cela peut-il avoir ? Ils ne sont qu'instruments inconscients.

Somme toute, la race française (?) est débordée. Sa dolicocéphalie ne peut lutter contre, d'un côté la brachycéphalie des Allemands, ni contre la bradydolico des Américains. D'une part comme de l'autre, ils sont débordés, engloutis dans l'infiltration gigantesque de ces races étrangères et comme aucune transformation ou évolution ne se fait sans douleur, celles-ci sont proportionnelles à la vitesse du transformisme. Pauvres phagocytes qui sont impliqués en ce chimiotropisme, effroyable pour nous, qui ne pouvons prendre le point de vue de l'Être microscopant et transformant.

---

[81] Il semble bien que ce texte ait été rédigé au moment où Le Scouëzec quitta Aix-en-Provence pour venir s'installer à Paris. Il serait à dater du début de juillet 1917.
[82] Les notions et les comparaisons biologiques qui commencent à apparaître dans les écrits de Le Scouëzec et qui bientôt s'y développeront, sont dues à sa fréquentation des hôpitaux depuis 1916. Il éprouva alors le besoin de se documenter et lut de nombreux ouvrages scientifiques, en particulier celui de Darwin auquel, longtemps après il faisait encore de fréquentes allusions.
[83] Un mot illisible dans le manuscrit.

ANNEXE :
MAURICE LE SCOUËZEC

PREMIÈRES ŒUVRES
1902-1917

PREMIÈRES ŒUVRES
1902-1907

Les toutes premières œuvres (1900-1901) ont été répertoriées comme telles dans notre premier ouvrage (Cf. Le Horn, suivi du Journal écrit à bord de l'Ernest-Siegfried, arbredor.com, 2005).
Dans la liste qui suit ne figurent évidemment que les œuvres datées.

1902
Pas d'œuvres connues

1903
Pas d'œuvres connues

1904
Pas d'œuvres connues

1905
Pas d'œuvres connues

1906
Pas d'œuvres connues

1907
Pas d'œuvres connues

1908
Pas d'œuvres connues

1909
Un certain nombre d'œuvres, en particulier des aquarelles, furent réalisées et sans doute vendues au Mexique en 1909, sous le pseudonyme de Garfer et peut-être sous son nom propre, par Le Scouëzec. Aucune cependant n'a pu être retrouvée à ce jour.

Avril 1909
1957 Mexicain — Dessin à la mine de plomb 10 x 10 — Apilhaco (Mexique).

1er juin 1909
1921 Un «tcharro mexicano» — Dessin à la mine de plomb 19 x 9 — Alameda, La Vera Cruz (Mexique).

1910
Pas d'œuvres connues.
Il existerait toutefois une œuvre au moins de Le Scouëzec dans l'île de Moorea (Tahiti), où l'artiste aurait séjourné à une époque indéterminée. Notre connaissance de sa vie nous fait penser qu'il n'a pu se rendre en Polynésie française qu'en 1910, en revenant du Mexique. Bien qu'un tel voyage pour gagner La Corogne en Espagne soit le plus long et le plus invraisemblable, ce sont là des arguments insuffisants —lorsqu'on parle d'un homme comme Le Scouëzec— pour s'empêcher d'émettre l'hypothèse.
Un autre argument en faveur de ce trajet de retour tient à une petite phrase écrite à Port-Saïd le 9 octobre 1930 : «Depuis vingt ans, rien de changé…». Le Scouëzec serait donc passé à Port-Saïd en 1910, escale normale en revenant en France du Mexique par Tahiti.

1911
Janvier 1911
1452 Le square du Croisic inondé — Gouache sur carton 33 x 22 — Square du Croisic, Paris.

1912
26 mars 1912
1943 maison du XVe siècle — Dessin à la mine de plomb 21,5 x 17 — Cluny.

4 septembre 1912
1984 Le Castel de Scey-en-Varais — Aquarelle et dessin à la plume 23 x 25 — Scey en Varais.

1913
25 octobre 1913
1932 Le chariot à quatre chevaux — Aquarelle 11 x 27 — Bastia (Corse).

1914
661 Groupes d'officiers — Aquarelle et dessin à la plume 21x 26,7 — Aix-en-Provence.

1er novembre 1914
1922 Groupes d'enfants et de femmes — Dessin à la mine de plomb 11,5 x 18 sur double page de carnet — Grand-Place, Ypres (Belgique).

15 novembre 1913
1946 une rue de Bastia
Aquarelle 31,5 x 14 — Bastia (Corse).

16 décembre 1914
1937 Vue de Reningen — Dessin aux crayons de couleur et mine de plomb 16,5 x 13 — Reningen (Belgique).

1915
1er octobre 1915
3343 Arbres dans un parc (1) — Aquarelle.
3344 Arbres dans un parc (2) — Aquarelle.
3345 Arbres dans un parc (3) — Aquarelle.

1916
Pas d'œuvres connues

1917
24 janvier 1917
1015 Jeune dessinatrice — Aquarelle.

12 mars 1917
1085 Village provençal — Aquarelle — Environs d'Aix-en-Provence.

14 mars 1917
1120 Le décolleté
Aquarelle petit format — Aix-en-Provence.

18 mars 1917
1104 Profil d'homme — Aquarelle 21 x 26 — Aix-en-Provence.

19 mars 1917
1098 L'homme au chapeau — Aquarelle — Aix-en-Provence.

5 avril 1917
1122 L'infirmière
Aquarelle 27 x 21 — Aix-en-Provence.

8 avril 1917
1107 Homme à la barbiche blanche — Aquarelle 27 x 21 — Aix-en-Provence.
1329 Visage d'enfant — Dessin à la mine de plomb 27 x 21.

10 avril 1917
1075 Visages — Aquarelle 21,5 x 13 — Aix-en-Provence.
3053 Ecclésiastique en chapeau — Aquarelle 21,5 x 13 — Aix-en-Provence.

15 avril 1917
1078 La femme en violet — Aquarelle — Aix-en-Provence.

26 avril 1917
1382 L'artiste en tirailleur algérien — Aquarelle — Aix-en-Provence.

28 avril 1917
1068 Tête d'homme âgé — Aquarelle 24 x 18 — Aix-en-Provence.

29 avril 1917
1096 Un regard — Aquarelle — Aix-en-Provence.
1124 femme méditative — Aquarelle 27 x 21 — Aix-en-Provence.
1145 Profil de femme en bleu — Aquarelle 27 x 21 — Aix-en-Provence.

Mai 1917
1077 Avocat plaidant — Deux aquarelles sur une page 21 x 27 — Aix-en-Provence.
1084 Avocats assis — Aquarelle 20 x 31 — Aix-en-Provence.
3055 La plaidoirie — Trois aquarelles sur une page — Aix-en-Provence.

2 mai 1917
3054 Les deux juges — Aquarelle — Aix-en-Provence.

5 mai 1917
1138 Croquis d'Assises — Aquarelle — Aix-en-Provence.
1635 Le tribunal — Aquarelle — Aix-en-Provence.
3058 Autre croquis d'Assises — Aquarelle — Aix-en-Provence.

18 mai 1917
3614 L'artiste en tirailleur algérien — Aquarelle 22 x 274.

22 mai 1917
1009 L'artiste en tirailleur algérien — Aquarelle — Aix-en-Provence.
1067 Huissier — Aquarelle petit format — Aix-en-Provence.

27 mai 1917
1076 Magistrats — Aquarelle — Aix-en-Provence.

31 mai 1917
50 Le club des jusqu'au-boutistes — Aquarelle — Aix-en-Provence.

Juin 1917
588 Cloître — Dessin au fusain sur papier huilé 111 x 69 — Aix-en-Provence.

1er juin 1917
1464 Le ballot bleu — Aquarelle.

7 Juin 1917
1660 Trois hommes au café — Aquarelle, 30 x 50 — Aix-en-Provence

11 juin 1917
1127 Homme en bleu — Aquarelle — Aix-en-Provence.

13 juin 1917
1103 Visage d'homme barbu — Aquarelle.

14 juin 1917
1483 Profil d'hommes en bleu — Aquarelle.

23 juin 1917
1609 La lance d'arrosage — A côté : Nu au fusain — Aquarelle et dessin au fusain 32,5 x 50.

27 juin 1917
1156 Bébé aux cheveux blonds — Aquarelle 28 x 20,5.

15 Juillet 1917
1453 Femme de Quimper au parapluie — Aquarelle 28 x 20,5 — Bretagne.

Août 1917
1048 Jeune bretonne — Aquarelle.

22 août 1917
1099 Visage d'enfant — Aquarelle 28 x 20,5.
1150 Deux femmes en coiffe — Aquarelle.

24 août 1917
1108 Femme au poing sur la hanche — Aquarelle.
1144 Matrone — Aquarelle 28 x 21.

26 août 1917
1106 Femme et enfant en promenade — Aquarelle.

28 août 1917
1123 La boucle de cheveux — Aquarelle 26,5 x 19,5.

Septembre 1917
1081 Visage de femme — Aquarelle 27 x 21,5.

3 septembre 1917
1130 Fillette au panier — Aquarelle 28 x 21 — Saint-Cloud.
1147 Porteurs de ballots — Aquarelle — Saint-Cloud.

9 septembre 1917
2588 Dahlias — Aquarelle 50 x 33. Ou 1918 ?

10 septembre 1917
1139 L'homme à la canne — Aquarelle 28 x 21.

15 septembre 1917
2549 Paysage — Aquarelle 32 x 50.

18 septembre 1917
1473 Jeune fille au grand chapeau — Aquarelle.

20 septembre 1917
3615 Visage de femme — Aquarelle 22 x 27.

24 septembre 1917
1118 Homme aux lunettes — Aquarelle 27 x 21,5.

29 septembre 1917
1027 Prisonniers — Aquarelle.

Octobre 1917
4 octobre 1917
1486 Portrait de la comtesse de Saint-Germain — Huile collée sur bois 36 x 27.

Novembre 1917
963 Femme en bleu — Huile et glacis d'huile sur papier 63 x 50 — Montparnasse.

Décembre 1917
770 Le sculpteur Zadkine — Huile sur papier 65 x 50 — Montparnasse.
835 Couple en bleu — Huile sur papier 65 x 50 — Montparnasse.
958 Nu assis — Huile sur papier 65 x 50 — Montparnasse.

20 décembre 1917
972 Nu aux mains jointes — Aquarelle 65 x 50 — Montparnasse.

Table des matières

ANNEXE : MAURICE LE SCOUËZEC
PREMIÈRES ŒUVRES 1902-1917